世界一わかりやすい
IT［情報］［サービス］業界のしくみとながれ

第6版

イノウ 編著

ソシム

本書の設定

本書の登場人物

新人(開発1部)
行貝 知蔵(ぎょうかい・しるぞう)(22歳)
私立大学理工学部卒。何にでも興味を持って前向きに知識を吸収するが、おっちょこちょいで早とちりな一面も。先輩にかわいがられる愛すべきキャラクター。

SE(開発1部)
江水 光雄(えすい・みつお)(27歳)
私立大学工学部卒。まじめで頼まれると嫌といえない今時の若者。オープンソース好きで自宅サーバを立てているが、仕事は全く別領域。いまどきメガネ男子。

運用SE(運用2部)
田井尾 良子(たいお・りょうこ)(29歳)
国立大学教養学部卒。完ぺき主義で、クール。厳しい親に育てられたせいか、社会人になっても優等生ファッションから抜けられないのが悩み。

営業(営業1部)
売野 伸夫(うりの・のぶお)(32歳)
私立大学文学部卒。陽気でお調子者で、声がでかい。顧客の言うことを気軽に「いいっすよ」と言って、SEから突き上げを食らうことも。

プロジェクトマネージャー(開発1部)
冠里 邦彦(かんり・くにひこ)(44歳)
国立大学理学部卒。駄洒落好きで気のいいおっさんだが、仕事には厳しく、いまだに自分でもコードを書く。お洒落を自認し、いつもベストを着用。

本書の登場企業

ABC ITサービス
情報処理サービス事業者として創業し、現在は、受託システム開発とシステム運用管理を中心にサービスを提供。売上高は1700億円で、従業員数は4200名。

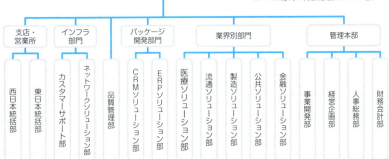

本書の読み方

基礎編
IT業界の導入知識です。

Chpater 1	IT業界のしくみ
Chpater 2	IT業界のサービス
Chpater 3	IT業界のプレイヤー
Chpater 4	IT業界のキャリア

技術編
IT業界の技術知識です。

| Chpater5 | ITとシステム開発の基本 |

業務編
IT業界の業務知識です。

Chpater 6	システムの提案と要件定義
Chpater 7	システムの設計と開発
Chpater 8	システムの導入と運用管理

トレンド編
IT業界の将来知識です。

| Chpater 9 | IT業界のトレンド |
| Chpater 10 | IT業界の新しいながれ |

本書に登場する事業者・機器アイコン

ITサービスを提供・利用する事業者

開発・運用系ベンダー

| システムインテグレータ | ソフトハウス | コンサルティングファーム | システム運用管理会社 |

ソフトウェア・インフラ系ベンダー

| ソフトウェアベンダー | サービスベンダー | ハードウェアベンダー | ネットワークベンダー |

ユーザー企業

| 金融機関 | メーカー | 小売業者 | 官公庁 |

"ITサービスに関連する様々な事業者のアイコンも本文中に登場します"

ITサービスの機器

| サーバ | クライアントPC | スマホ・タブレット | ネットワーク機器 |

"ITサービスを利用する上で重要な役割を果たす機器のアイコンです"

本書に登場する 人物アイコン

開発現場で働くスタッフ

開発・運用系スタッフ

 プロジェクトマネージャー
 SE
 プログラマ
 運用管理担当

営業系スタッフ

 営業課長
 営業
 セールスエンジニア
 マーケティング

その他スタッフ

 インフラエンジニア
 スペシャリスト
 ITコンサルタント
 デザイナー

"開発現場で働く様々な職種のアイコンが、本文中に登場します"

ユーザー

 CIO
 情報システム部長
 情報システム担当
 業務担当

"ニーズに応じてITサービスを受けるユーザーのアイコンです"

Contents

基礎編 Chapter 1　IT業界のしくみ 11

- 01　IT業界はどのようなビジネスを提供していますか？ 12
- 02　IT業界の市場は成長していますか？ 14
- 03　IT業界はどのような企業で構成されていますか？ 16
- 04　IT業界を構成する企業はどのように分類できますか？ 18
- 05　ITベンダーの売上とコストはどうなっていますか？ 20
- 06　受託開発系と自社開発系では収益構造が違うのですか？ 22
- 07　IT業界はどのように成長してきたのですか？ 24
- 08　ソフトウェアはどのように進化してきたのですか？ 26
- 09　コンピュータはどのように進化してきたのですか？ 28
- Keyword　1行でわかる　1章の重要キーワード 30

基礎編 Chapter 2　IT業界のサービス 31

- 10　IT業界はどのようなサービスを提供していますか？ 32
- 11　受託開発系はどのようなサービスを提供しているのですか？ 34
- 12　自社開発系はどのようなサービスを提供しているのですか？ 36
- 13　業務アプリケーションとはどのようなシステムですか？ 38
- 14　オンプレミス、ホスティング、クラウドとは何ですか？ 40
- 15　主要なパッケージソフトには何がありますか？ 42
- 16　主要なクラウドサービスには何がありますか？ 44
- 17　主要なハードウェアには何がありますか？ 46
- Keyword　1行でわかる　2章の重要キーワード 48

基礎編 Chapter 3 | IT業界のプレイヤー ………… 49

- 18 システム開発プロジェクトにはどのような企業が参加しますか？ …… 50
- 19 IT業界のピラミッド構造とはどのようなものですか？ ………………… 52
- 20 ITベンダーは系統でどのように分類できますか？ …………………… 54
- 21 受託開発系の主要顧客はどのような企業ですか？ …………………… 56
- 22 受託開発系の組織はどのような体制ですか？ ………………………… 58
- 23 自社開発系の組織はどのような体制ですか？ ………………………… 60
- 24 情報システム部門はどのような役割を担っていますか？ …………… 62
- 25 業界によって求められるシステムは変わりますか？ ………………… 64
- Keyword 1行でわかる 3章の重要キーワード …………………………… 66

基礎編 Chapter 4 | IT業界のキャリア ……………… 67

- 26 ITベンダーではどのような職種が働いていますか？ ………………… 68
- 27 開発・運用系のスタッフどのようなキャリアを進みますか？ ……… 70
- 28 営業・マーケ系のスタッフどのようなキャリアを進みますか？ …… 72
- 29 ITベンダーはどのように人材を採用していますか？ ………………… 74
- 30 IT業界における転職はどのような状況ですか？ ……………………… 76
- 31 IT関連の国家資格には何がありますか？ ……………………………… 78
- 32 IT関連のベンダー資格には何がありますか？ ………………………… 80
- 33 国はIT人材育成に向けてどのように取り組んでいますか？ ………… 82
- Keyword 1行でわかる 4章の重要キーワード …………………………… 84

技術編

Chapter 5 | ITとシステム開発の基本 … 85

- 01 情報システムの基本構造はどのように分類できますか? … 86
- 02 オープンシステムはどのように構築されますか? … 88
- 03 Webシステムはどのように構築されますか? … 90
- 04 コンピュータの基本構造はどのようになっていますか? … 92
- 05 プログラムはどのように命令するのですか? … 94
- 06 ネットワークではどのようにデータが伝えられますか? … 96
- 07 情報システムではどのようにデータを管理していますか? … 98
- 08 ソフトウェアエンジニアリングは何のために使われますか? … 100
- 09 プロジェクトマネジメントは何のために使われますか? … 102
- 10 CMMIは何のために使われますか? … 104
- Keyword 1行でわかる 5章の重要キーワード … 106

業務編

Chapter 6 | システムの提案と要件定義 … 107

- 01 IT戦略の立案では何をやるのですか? … 108
- 02 システム化企画では何をやるのですか? … 110
- 03 ユーザー企業はどのようにIT投資を決めているのですか? … 112
- 04 システムの提案はどのように行われるのですか? … 114
- 05 RFPは何のために作成するのですか? … 116
- 06 システム開発の見積りではどのような手法を使いますか? … 118
- 07 見積りの難易度がなぜ上がっているのですか? … 120
- 08 システム開発の契約はどのように結びますか? … 122
- 09 システムの要件定義では何をやるのですか? … 124
- 10 要件定義ではどのようなツールを使いますか? … 126
- Keyword 1行でわかる 6章の重要キーワード … 128

業務編 Chapter 7 システムの設計と開発 ……… 129

- 11 システムの全体像はどのように把握しますか？ …………………… 130
- 12 システムの基本設計では何をやるのですか？ ………………… 132
- 13 システムの詳細設計では何をやるのですか？ ………………… 134
- 14 システム設計ではどのような方法論を使いますか？ ………… 136
- 15 システム設計ではどのようなツールを利用しますか？ ……… 138
- 16 プログラム開発ではどのように言語を選びますか？ ………… 140
- 17 プログラム開発ではどのようなツールを使いますか？ ……… 142
- 18 プログラムのテストでは何をやるのですか？ ………………… 144
- 19 テストではどのようなツールを使いますか？ ………………… 146
- Keyword 1行でわかる　7章の重要キーワード …………………… 148

業務編 Chapter 8 システムの導入と運用管理 … 149

- 20 システムの導入では何をやるのですか？ ……………………… 150
- 21 システムの納品では何が求められますか？ …………………… 152
- 22 システム開発のV字モデルとW字モデルとは何ですか？ ……… 154
- 23 システムの運用管理では何をやるのですか？ ………………… 156
- 24 システムの運用管理体制はどのように整備しますか？ ……… 158
- 25 システムの構成管理では何をやるのですか？ ………………… 160
- 26 システムの障害対応では何をやるのですか？ ………………… 162
- 27 アカウントとセキュリティの管理では何をやるのですか？ … 164
- 28 システムの運用管理でSLAやITILはどう使われますか？ …… 166
- 29 どうしてシステムをリプレイスするのですか？ ……………… 168
- 30 システムのリプレイスはどのように進められますか？ ……… 170
- Keyword 1行でわかる　8章の重要キーワード …………………… 172

トレンド編

Chapter 9 | IT業界のトレンド …………… 173

- 01 オープンソース開発はなぜ増えたのですか? ………… 174
- 02 運用保守のアウトソースはなぜ増えたのですか? ……… 176
- 03 オフショアでの開発はなぜ増えたのですか? …………… 178
- 04 コンサルとの競合はなぜ増えたのですか? ……………… 180
- 05 仮想化とはどのような技術ですか? ……………………… 182
- 06 仮想化のサービスには何がありますか? ………………… 184
- 07 RPA、ノーコードのツールは何に使われますか? ……… 186
- 08 なぜいま、第3次AIブームを迎えているのですか? …… 188
- 09 AIシステムはどのような目的で使われますか? ………… 190
- 10 なぜ、ビッグデータが活用されているのですか? ……… 192
- 11 DXとはどのような概念ですか? ………………………… 194
- 12 IoT、IoTシステムとはどのような概念ですか? ……… 196
- Keyword 1行でわかる 9章の重要キーワード …………… 198

トレンド編

Chapter 10 | IT業界の新しいながれ …… 199

- 13 X-Techとはどのようなサービスですか? ……………… 200
- 14 リーン・スタートアップはなぜ注目されているのですか? … 202
- 15 アジャイル開発とDevOpsはなぜ増えているのですか? … 204
- 16 生成AIやコード生成AIはなぜ注目されているのですか? … 206
- 17 コンテナ仮想化の利用はなぜ増えているのですか? …… 208
- 18 クラウドへの移行はどのように進められますか? ……… 210
- 19 マイクロサービスとはどのような概念ですか? ………… 212
- 20 サーバレスとはどのような概念ですか? ………………… 214
- 21 クラウドサービスの普及はどのような影響を与えますか? … 216
- 22 IT人材は今後不足するのですか? ……………………… 218
- Keyword 1行でわかる 10章の重要キーワード …………… 220

基礎編

Chapter 1

IT業界のしくみ

- 01 IT業界はどのようなビジネスを提供していますか？
- 02 IT業界の市場は成長していますか？
- 03 IT業界はどのような企業で構成されていますか？
- 04 IT業界を構成する企業はどのように分類できますか？
- 05 ITベンダーの売上とコストはどうなっていますか？
- 06 受託開発系と自社開発系では収益構造が違うのですか？
- 07 IT業界はどのように成長してきたのですか？
- 08 ソフトウェアはどのように進化してきたのですか？
- 09 コンピュータはどのように進化してきたのですか？

> 基礎編

01 IT業界はどのようなビジネスを提供していますか？

受託システム開発やITサービスなど、色々あるよ。

具体的に、何を支援しているのですか。

ユーザー企業や個人が様々な情報を効率的に利用できるようにします。

IT業界は社会のインフラを支えています。

　IT業界のビジネスモデルは多様です。情報システムの構築を通じたユーザー企業である銀行の入出金管理、証券会社の株式取引、流通事業者の在庫管理などの支援ほか、個人ユーザーへのスマホやタブレットを通じたECやITサービスの提供、さらにはITサービス上での広告掲載といったビジネスを通じて、ユーザー企業や個人が様々な情報を効率的に利用できるように支援しています。ITが身の回りのあらゆるところで活用されるようになった結果、現在、IT業界は社会のインフラを支える存在となり、その開発・運用の責任が厳しく問われます。

IT業界のビジネスは提供する価値によって分類できます。

　IT業界のビジネスは、ユーザーに提供する価値によって、企業からの依頼でシステムを開発する受託システム開発、業務パッケージやOSなどを提供するパッケージソフト、ネットワークの設計・構築・運用を請け負うネットワーク構築・運用、システムの運用管理などを担うシステム運用受託、システムによる経営課題の解決を担うITコンサルティング、ITエンジニアを派遣する下請・派遣、インターネット上でソフトウェアサービスを提供するITサービス、サーバやネットワーク機器などを提供するハードウェアなどに分類できます。

IT業界のビジネスモデル

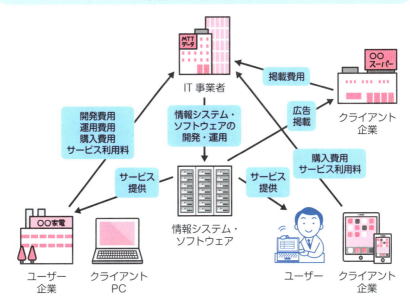

IT業界のビジネス

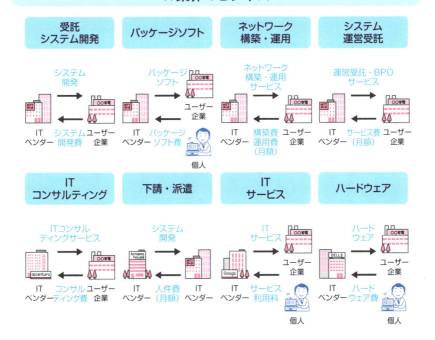

> 基礎編

02 IT業界の市場は成長していますか？

 基本的に右肩上がりを続けているよ。

世界的にはどうでしょう。

 世界的にも成長基調だよ。

日本のIT業界の市場は基本的に右肩上がりを続けています。

　日本のIT業界の2018年度の売上は約24兆円であり、基本的に右肩上がりを続けています。日本全体が低成長を続け、多くの業界の市場規模がほぼ横ばい状態であることを考慮すると、IT業界は堅調に成長していると言えるでしょう。IT業界の市場規模拡大は、日本だけでなく世界的なトレンドであり、北米、欧州、アジアのいずれにおいても成長を続けています。ただし、日本で市場規模が大きいのは受託システム開発やシステム運営受託であるのに対して、欧米などで市場規模が大きいのはパッケージソフトやITサービスなどです。

IT業界の市場拡大を支えたのは関連技術の進歩です。

　IT業界の市場拡大を支えたのは、ハードウェア、ソフトウェア、ネットワーク、データベースといったコンピュータ関連技術の進歩です。たとえば業務システムにおけるコンピュータの主流が<u>メインフレーム</u>から<u>ミニコンピュータ</u>、<u>サーバマシン</u>へと変化していくにつれて、高性能化、低価格化、省サイズ化が進み、かつて大企業しか導入できなかった情報システムが、中堅、中小企業にも導入されるようになり、市場が拡大したのです。また、PCやスマートフォンといった端末の普及によって、ITサービスの利用が進んだことも成長を支えています。

IT業界と他業界との売上比較

出典：特定サービス業実施調査、経済構造実態調査（経済産業省）

IT業界のビジネスごとの市場規模

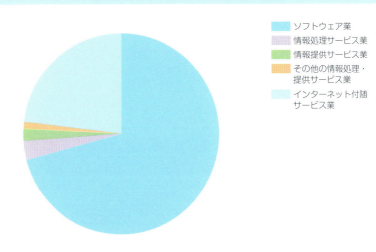

出典：経済構造実態調査（経済産業省）

> 基礎編

03 IT業界はどのような企業で構成されていますか？

 まずは、業界御三家だね。

 大きな企業は何をやっているのですか。

 主にシステムインテグレータだよ。

売上高が1兆円を超えるのは業界御三家です。

　日本のIT業界を構成する1万社強ほどの会社のうち、売上高が1兆円を超えるのは、富士通、日本電気（NEC）、日立製作所の3社です。この業界御三家とIBMは、ソフトウェアだけでなくハードウェアも提供するため、メーカー系と呼ばれています。また、5千億から1兆円の準大手には、NTTデータなどのシステムインテグレータのほか、OA機器の商社から事業を開始した大塚商会があります。1千億から5千億円の中堅には、日立システムズのようなメーカー系の子会社、野村総合研究所のようなユーザー企業の子会社などがあります。

世界のITメジャーと比較すると、差をつけられています。

　売上規模1千億円以下の企業の多くは、中小企業向けのシステム開発や大手・中堅が受注した案件の下請けを手がけています。このように、中小企業が大手・中堅企業の下請けしている構造は業界のピラミッド構造と呼ばれます。世界のITメジャーと比較すると、日本のIT企業は売上規模で差をつけられている大きな要因は、こうした業態の違いです。世界のITメジャーはグローバルで同じプロダクト・サービスを売っているのに対して、受託システム開発が中心の日本のITベンダーは利益率が低く、高成長のITベンチャーが生まれにくくなっています。

IT業界の大手・準大手・中堅企業

大手

富士通	NEC	日立製作所
売上高 1兆8,515億円	売上高 1兆8,380億円	売上高 1兆7,569億円
経常利益 1,336億円	経常利益 1,583億円	経常利益 4,010億円

準大手

NTTデータ	大塚商会	日本IBM
売上高 9,409億円	売上高 8,696億円	売上高 7,309億円
経常利益 914億円	経常利益 572億円	経常利益 704億円

中堅

野村総合研究所	伊藤忠テクノソリューションズ	日立システムズ	SCSK
売上高 5,505億円	売上高 4,888億円	売上高 4,569億円	売上高 3,964億円
経常利益 860億円	経常利益 465億円	経常利益 543億円	経常利益 437億円
TIS	エフサステクノロジーズ	日本オラクル	NTTコムウェア
売上高 2,513億円	売上高 2,420億円	売上高 2,269億円	売上高 2,446億円
経常利益 535億円	経常利益 241億円	経常利益 747億円	経常利益 118億円
BIPROGY	日本総合研究所	富士ソフト	日立ソリューションズ
売上高 2,211億円	売上高 2,143億円	売上高 2,070億円	売上高 1,974億円
経常利益 264億円	経常利益 —	経常利益 157億円	経常利益 —
NECフィールディング	ネットワンシステムズ	みずほリサーチ&テクノロジーズ	日本マイクロソフト
売上高 1,697億円	売上高 1,626億円	売上高 1,405億円	売上高 —
経常利益 —	経常利益 149億円	経常利益 —	経常利益 —

世界のITメジャーとITハードウェア大手

ITメジャー

アマゾン	90.8兆円
グーグル(アルファベット)	48.3兆円
マイクロソフト	33.5兆円
メタプラットフォーム(旧フェイスブック)	21.3兆円
アリババグループ	17.1兆円
AWS	14.3兆円
テンセント	12.8兆円
IBM	9.2兆円
オラクル	8.4兆円
SAP	7.5兆円
セールスフォース・ドットコム	5.5兆円

ITハードウェア大手

アップル	60.5兆円
ファーウェイ	15兆円
デル	14兆円
シスコシステムズ	9兆円
レノボ	8.9兆円
インテル	7.7兆円
サムスン電子	6.3兆円
ヒューレット・パッカード	4.6兆円
クアルコム	4.6兆円
ブロードコム	4兆円
NVIDIA	3.8兆円

> 基礎編

04 IT業界を構成する企業はどのように分類できますか？

まずは、受託開発系と自社開発系に分けられます。

何が違うんですか。

自社開発系は、リスクを自社で取ります。

受託開発系は、SIer、ITコンサルなどです。

　受託開発系では、**システムインテグレータ（SIer）**が受託システム開発からシステム運用受託までのすべてを請け負い、**総研**や**ITコンサル**がIT戦略の立案と要件定義、システム設計と外部ITベンダーの管理などを担い、**ネットワーク構築・運用ベンダー**がインフラ周りの設計・構築・運用を請け負い、**運用受託ベンダー**がシステムの運用管理などを担います。SIerは一般に規模が大きく、中小ベンダーに開発業務の一部を発注しており、運用受託ベンダーは部署の一部あるいは全部の業務を受託する**BPO**のサービスも提供しています。

自社開発系は、ソフトウェア・ハードウェアベンダーなどです。

　自社開発系では、外資系企業を中心に**ソフトウェア・ITサービスベンダー**が業務アプリケーションやOSやミドルウェアなど様々なパッケージソフトやITサービスを提供しています。また、**ハードウェアベンダー**はサーバマシンやPCなどを、ネットワーク・通信機器ベンダーはルータやスイッチなどを開発・製造しています。そして、クラウドサービスを提供するアマゾン ウェブ サービス（AWS）、グーグル、マイクロソフトの3社のほか、データセンター事業者がハウジングやホスティングなどのサービスを提供しています。

受託開発系ITベンダーの分類

システムインテグレータ（元請け）

ネットワークベンダー

提案フェーズ → 要件定義フェーズ → 設計フェーズ → 開発・テストフェーズ → 導入フェーズ → 運用管理フェーズ

ITコンサルティングファーム

協力会社・派遣会社（下請け）

システム運営受託会社

自社開発系ITベンダーの分類

基本ソフト	ミドルウェア	業務アプリケーション	スマホアプリ	クラウドサービス	ハードウェア
代表的な基本ソフト	代表的なミドルウェア	代表的な業務アプリケーション	代表的なスマホアプリ	代表的なクラウドサービス	代表的なハードウェア
Windows OS	ORACLE DB	SAP ERP	LINE	AWS	PC
Mac OS	SQL Server	奉行ERP	Instagram	Azure	サーバ
Android OS	DB2	GLOVIA	Googlemap	Google Cloud Platform	ルータ
iOS	IIS	ProActive	TikTok		ロードバランサ

基礎編 ― IT業界のしくみ

019

基礎編

05 ITベンダーの売上とコストはどうなっていますか？

これも、受託開発系と自社開発系で考え方が違うよ。

でも、コストのほとんどは人件費ですよね。

実は、受託開発系では人件費の多くが外注費なのです。

受託開発は受注金額、自社開発は利用者数ベースです。

　受託開発系の売上は、通常、システムの開発費と運用管理受託費という2種類です。受託システム開発による売上は、下請け（準委託型）では「人数×人月単価×月」、元請け（請負型）ではユーザー企業との請負型契約時に提出した「受注金額」、そして運用管理受託では「月額費用×月」となります。一方、自社開発系の場合、パッケージソフトウェアでは「ライセンス料×ライセンス数」が、ITサービスでは「月額利用料×利用者数×月」が売上となります。企業ユーザー向けのライセンス価格や月額利用料は、契約条件などによって様々です。

受託開発系は外注し、自社開発系は自社で開発します。

　ITベンダーの経費のうち、最も大きな割合を占めるのは人件費ですが、考え方は受託開発系と自社開発系で異なります。一般に、受注状況によって繁忙期と閑散期がある受託開発系では、開発スタッフの多くを外部から調達するため、協力会社への外注費である委託費の割合が高くなります。一方、自社開発系では、基本的に自社のITエンジニアがプロダクトやサービスを開発しています。そのため売上原価において、社員の人件費である労務費の割合が高くなります。なお、受託システム開発における外注と社内の人数比率は一般に7：3程度です。

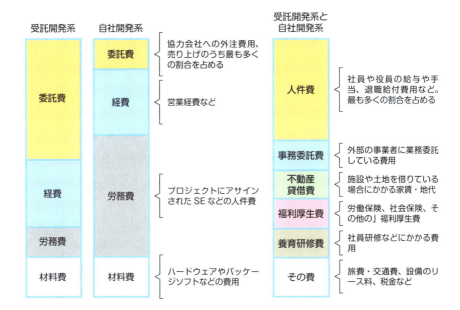

> 基礎編

06 受託開発系と自社開発系では収益構造が違うのですか？

 利益率も結構違うよ。

どっちが高いのですか。

 成功したら、自社開発系だね。

受託開発系は、担当するフェーズで利益率が変わります。

　ITベンダーでは、受託開発系と自社開発系、提供するサービスやプロダクトなどによって、利益率が変わってきます。受託開発系の場合、利益率やリスクが、開発プロジェクトのどのフェーズを担当するかによって異なります。売上が最も高いのは内部設計・開発・導入フェーズですが、リスクが高く、利益率は高くありません。一方、要件定義・外部設計フェーズは、売上が低いものの、リスクが低く、利益率は高くなります。そして運用管理フェーズは、リスクが低く、ある程度の売上と利益率を確保できます。

自社開発系は、導入数によって利益率が変わってきます。

　自社開発系の場合、自社のプロダクトやサービスの導入数によって利益率が変わってきます。導入ユーザーが一定数に達して、損益分岐点を超えれば、高い利益率の確保が可能になります。たとえば、データベースソフトなどで高いシェアを誇る日本オラクルは、約30％という極めて高い利益率を上げています。一方で、プロダクトやサービスが市場に受入れられず、損益分岐点を超えられないと、赤字が膨らみます。そして自社開発系の場合、まったく市場から評価されずに消えていくプロダクトやサービスも珍しくはありません。

受託開発系ITベンダーの収益構造

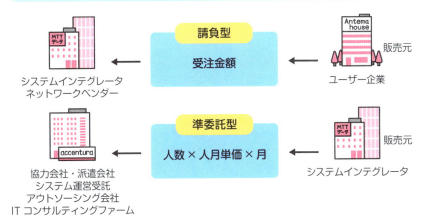

自社開発系ITベンダーの収益構造

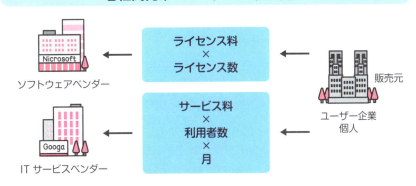

業態別ITベンダーの利益率（例）

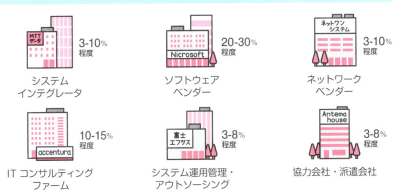

> 基礎編

07 IT業界はどのように成長してきたのですか？

 導入企業が増えて、成長したんだ。

なぜ、増えたのですか？

 システムを導入する企業が増えたのが大きいね。

システムを導入する企業が増えてきたことで成長しました。

　1950年代、高価なコンピュータを導入できるのは大企業と政府機関のみで、多くの企業は計算機センターを利用して、企業の経理や給与計算などを行っていました。その状況が変わるのが1950年代後半～1960年代で、東京証券取引所が株の注文約定・精算システム、国鉄が座席予約システム、三井銀行が日本初のオンライン銀行システムを稼働させます。そして1970年代になると、計算機センターが受託システム開発の事業を始め、一方でメーカー、金融機関、商社の情報システム部門が独立するなど、IT業界が大きく成長します。

企業に導入される情報システムの種類が増えていきます。

　1980年代から1990年代にかけて、企業間競争が激化すると、ユーザー企業がERP、SCMといった基幹系システムを導入します。様々なハードウェアとソフトウェアを組み合わせてシステムが構築され、組織内のコンピュータもLANによってサーバに接続されます。そうしたプロジェクトをシステムインテグレータが受注するようになりました。1990年代後半からインターネットが普及するとWebシステムの導入が進むようになると、Web開発会社が登場します。そして、2000年代後半からはクラウドサービスの利用が進みます。

IT業界の歴史

	ユーザー企業の動き	ITベンダーの動き
50・60年代	●東京証券取引所が株の注文約定・清算システムを導入 ●国鉄が座席予約システムを導入 ●三井銀行がオンライン銀行システムを稼働（銀行第1次オンライン）	●富士通が富士電機から資本的に独立 ●野村総合研究所が設立 ●大塚商会が設立 ●NTTがデータ通信本部を設立（現NTTデータ） ●CSK（現SCSK）が設立
70・80年代	●銀行が総合オンラインシステムとATMネットワークを構築（銀行の第2次オンライン） ●全国銀行データ通信システムが誕生 ●銀行が基幹システムを抜本的に再構築（銀行の第3次オンライン）	●日本におけるコンピュータの輸入が自由化 ●アスキーが設立 ●ソフトバンクが設立 ●オラクルが日本オラクルを設立 ●NTTデータが設立 ●富士通カストマエンジニアリング（現エフサステクノロジーズ）が設立
90・00年代	●松井証券が日本初のネット証券の営業を開始 ●日本初のインターネット専業銀行として、ジャパンネット銀行が営業開始 ●みずほ銀行で大規模システム障害が起こる	●事業統合により、新日鉄ソリューションズが発足 ●NECがアビームコンサルティングと業務提携 ●富士通がシーメンスのコンピュータ部門を買収（元 富士通テクノロジー・ソリューションズ）
10・20年代	●みずほFGがシステム統合プロジェクトを開始 ●国がマイナカードのプロジェクトを始動 ●カドカワでランサムウェアの大規模被害が発生	●住商情報システムがCSKを吸収合併し、SCSKが発足 ●日立電子サービスと日立情報システムズが合併し、日立システムズが発足 ●みずほ情報総研がみずほ総合研究所を吸収合併し、みずほリサーチ＆テクノロジーズが発足

基礎編 ― IT業界のしくみ

基礎編

08 ソフトウェアはどのように進化してきたのですか？

最初は、ハードウェアのおまけだったんだよね。

じゃあ、ソフトウェアエンジニアもおまけですか？

当初、ソフトウェアエンジニアという職種はなかったんだ。

ハードウェアの付属品として、無料で提供されていました。

　メインフレームの時代、ハードウェアの価格が非常に高く、ソフトウェアはハードウェアの付属品として、無料で提供されていました。こうしたハードウェア中心のトレンドは、IBMがハードウェアとソフトウェアの価格分離政策を発表した1960年ごろから変わっていきます。コンピュータの価格が下がり、ソフトウェアの需要が高まったのです。この当時、複雑化するソフトウェアの開発を専門とする職種が誕生しました。また、IBMのSystem/360により、システム全体の管理とアプリケーションの動作を担うOSが実用化されます。

商用ソフトウェアを販売するようになります。

　1970年代になると、ソースコードを非公開とするソフトウェアベンダーが商用ソフトウェアを販売するようになります。そこで最も成功した企業がマイクロソフトです。マイクロソフトは、Windows OSによってPC OSの業界標準を獲得し、様々なアプリケーションを開発しました。1990年代になると、ソースコードが公開されたオープンソースソフトウェア（OSS）の活動が米国で盛んになり、Linuxに代表されるOSのほか、プログラミング言語やデータベースなど、様々なOSSがITエンジニアを中心に広く利用されるようになりました。

ソフトウェアの歴史

50・60年代

ITベンダーの動き
- IBMがハードウェアとソフトウェアの価格分離政策を発表

ソフトウェアの動き
- プログラム言語のALGOLが登場
- 事務所利用言語のプログラミング言語のCOBOLが登場
- プログラミング言語のFortranが登場
- プログラミング言語のBASICが登場

70・80年代

ITベンダーの動き
- SAPが創業
- マイクロソフトが創業
- オラクルが創業
- ジャストシステムが創業
- シマンテックが設立
- アドビシステムズが設立

ソフトウェアの動き
- プログラミング言語のC言語が登場
- ベル研究所がUNIXを開発
- ジャストシステムが一太郎(ワープロソフト)を発売
- スクリプト言語のPerlが登場
- 初のコンピュータウイルスが誕生

90・00年代

ITベンダーの動き
- アマゾンが創業
- ヤフーが創業
- グーグルが創業
- セールスフォース・ドットコムが創業
- フェイスブック(現メタ)が創業
- YouTubeがが設立
- ヒューレット・パッカードがEDSを買収

ソフトウェアの動き
- サン・マイクロシステムズ、Java言語を発表
- マイクロソフトがPCサーバ向けOSのWindows NTをリリース
- オープンソースOSのLinuxが登場
- NetscapeがブラウザのNetscape Navigatorを発表
- マイクロソフトがIEを発表し、Windows95を発売
- AmazonがAWSのサービス開始
- グーグルがGmailのサービス開始
- グーグルがAndroid OSとChromeOSを発表

10・20年代

ITベンダーの動き
- Cnavaが創業
- メルカリが創業
- OpenAIが創業
- Anthropicが創業

ソフトウェアの動き
- プログラミング言語のKotlinが登場
- プログラミング言語のSwiftが登場
- インスタグラムのサービス開始
- TikTokのサービス開始
- OpenAIがChatGPTのサービスを開始

> 基礎編

09 コンピュータはどのように進化してきたのですか？

コンピュータの小型化、低価格化が普及を促進してきたよ。

クライアント端末の種類も増えてきましたよね。

PC、タブレット、スマホなど様々です。

専用機の後、メインフレーム、ミニコンなどが登場します。

初期のコンピュータが誕生したのは、1940年代のことです。真空管を使用し、重さ30トン、平均的なマンションの部屋2戸分の大きさであり、商用計算や科学技術計算向けの専用機でした。1950年代～1960年代には、IBMのSystem/360に代表される<u>メインフレーム</u>が登場します。様々な用途で使用可能なメインフレームでは入出力のインターフェイスが標準化され、多様な周辺機器が登場しました。1970年代になると、富士通やNECなどが国産コンピュータの開発を進める一方、メインフレームは<u>ミニコンピュータ</u>に取って代わられます。

PCの小型化・単価下落で、普及が本格化します。

1980年代になると、IBMによるPC標準である<u>PC/AT互換機</u>の発表、CPUの性能向上、PCの小型化や単価下落などによって、PCの普及が始まり、それに伴ってメインフレーム型からクライアント-サーバ型の<u>オープンシステム</u>へ移行します。そして、1995年にマイクロソフトがOSのWindows95を発売したことで、PCの普及が本格化します。2000年代になると、スマートフォンやタブレットなど、多様な情報端末が普及する一方で、多様なコンピュータリソースが調達可能なクラウドサービスの利用が増えていきます。

ハードウェアの歴史

基礎編 — IT業界のしくみ

ITベンダーの動き / ハードウェアの動き

50・60年代

ITベンダーの動き
- DEC が創業
- ノキアが電気通信事業に進出
- インテルが創業

ハードウェアの動き
- 初期の OS であるモニタが開発
- IBM が System/360 を開発
- NEC、富士通、沖電気による国産コンピュータの開発プロジェクトが始動
- DEC がミニコンピュータを開発

70・80年代

ITベンダーの動き
- アップルコンピュータが設立
- コンパック・コンピュータが設立
- HP がサーバ分野に算入
- レノボが設立
- サン・マイクロシステムズが設立
- シスコシステムズが創業
- デルが設立

ハードウェアの動き
- NEC が PC8801 シリーズを発売
- 東芝と NEC が国産メインフレームを開発
- 富士通、日立がスーパーコンピュータを開発
- アップルコンピュータがマッキントッシュを発売
- IBM が PC/AT 互換機の使用を公開。事実上の標準となる
- IBM が IBM PC にインテルの CPU8088 を採用

90・00年代

ITベンダーの動き
- ARM が創業
- NVIDIA が創業
- コンパックが DEC を買収
- ヒューレット・パッカードがコンパックを買収
- レノボが IBM の PC 部門を買収
- レノボが NEC の PC 部門を買収

ハードウェアの動き
- 東芝が初のラップトップコンピュータを発売
- ブラックベリーがスマートフォンの元祖 BlackBerry を発売
- インテルが CPU の Pentium を発表
- NTT ドコモが i モード端末を発表
- アップルが iMac を発売
- アップルが iPhone を発売
- Android フォンが登場

10・20年代

ITベンダーの動き
- モトローラ・モビリティが設立
- マイクロソフトがノキアの端末事業を買収
- ヒューレット・パッカードが HP Inc. と HPE に分割され、日本 HP が設立
- レノボがモトローラ・モビリティを買収
- デルが株式を非公開化
- ソフトバンクが ARM を買収

ハードウェアの動き
- アップルが iPad を発売
- グーグルが Chromebook の提供開始を発表
- マイクロソフトが Windows フォンを発売
- 5G サービスが開始

029

KEYWORD

1行でわかる 1章の重要キーワード

- **受託システム開発** ………… ユーザー企業からの依頼で情報システムを開発するITベンダーの業態
- **パッケージソフト** ………… 自らのリスクでソフトウェアを開発するITベンダーの業態
- **ITコンサルティング** ………… システムによる経営課題の解決と開発上流を担うITベンダーの業態
- **メインフレーム** ………… 大企業などの基幹システムなどに用いられる大型コンピュータ
- **ミニコンピュータ** ………… PCより大きく、メインフレームより小さいコンピュータの総称
- **サーバマシン** ………… ネットワークで他のコンピュータに対して機能・サービスを提供するPC
- **業界御三家** ………… IT業界の売上上位を占める、富士通、日本電気、日立製作所の3社
- **ピラミッド構造** ………… 中小企業が大手・中堅企業の案件の下請けをしている業界の構造
- **協力会社** ………… 大手・中堅企業のシステム開発案件の下請けをしている中小のITベンダー
- **ITメジャー** ………… グローバルでIT業界の売上上位を占めるソフトウェア・ハードウェアベンダー
- **システムインテグレータ** ……… 受託システム開発から運用受託までのすべてを請け負うITベンダー
- **運用受託ベンダー** ………… システムの運用管理や保守の業務を請け負うITベンダー
- **ネットワークベンダー** ………… サーバなどのインフラ周りの設計・構築・運用を請け負うITベンダー
- **BPO** ………… 企業の業務の一部を外部事業者としてトータルで請け負うビジネスモデル
- **請負型** ………… 業務をアウトソーシングする際に「成果物の完成」を約束する契約
- **準委託型** ………… 業務をアウトソーシングする際に「一定の事務処理の実施」を約束する契約
- **計算機センター** ………… 企業内の各種の計算処理業務を集中的に請け負う事業所
- **株の注文約定・精算システム** … ユーザーの株の売買と代金の精算などを担う情報システム
- **座席予約システム** ………… ネットワーク経由で車両の座席をリアルタイムで予約管理するシステム
- **オンライン銀行システム** ……… 銀行をネットワークで結び、預金・貸出などを管理するシステム
- **System360** ………… IBMが1960年代に発表したメインフレームコンピュータシリーズ
- **価格分離政策** ………… コンピュータのハードとソフトを別々に販売することを定めた政策
- **オープンソースソフトウェア** … ソースコードの改変や再配布が認められている無償のソフト
- **PC/AT互換機** ………… IBM PC ATの互換機であるPC、あるいはそのアーキテクチャの総称
- **オープンシステム** ………… オープンの業界標準仕様に準拠したソフト・ハード・システム

基礎編

Chapter 2

IT業界のサービス

- 10 IT業界はどのようなサービスを提供していますか？
- 11 受託開発系はどのようなサービスを提供しているのですか？
- 12 自社開発系はどのようなサービスを提供しているのですか？
- 13 業務アプリケーションとはどのようなシステムですか？
- 14 オンプレミス、ホスティング、クラウドとは何ですか？
- 15 主要なパッケージソフトには何がありますか？
- 16 主要なクラウドサービスには何がありますか？
- 17 主要なハードウェアには何がありますか？

> 基礎編

10 IT業界はどのようなサービスを提供していますか？

 抽象的だけど、基本的には情報活用を支援するサービスですね。

受託開発系と自社開発系で何が違うんですか。

 ビジネスモデルが違うのです。

様々な情報の効率的な利用を支援しています。

　IT業界は、ユーザー企業や個人が「様々な情報の効率的な利用を支援する」サービスを提供しています。メーカーの会計業務を例に、そのサービスを簡単に説明しましょう。メーカーでは通常、購買や製造、物流や営業などの部門が仕入、生産、流通、販売といった活動から生じる売上やコストを、生産設計や人事、経理や情報システムなどの部門が設備や施設の費用、人件費や外注費などのコストをシステムに入力します。これらの情報を財務会計部門が情報システムで分析・把握することで、正確な利益の算出が可能になるのです。

受託開発系と自社開発系に分けられます。

　IT業界のビジネスは、ビジネルモデルによって受託開発系と自社開発系に分けられます。受託開発系では、業務システムの開発を受注したITベンダーが、ユーザー企業のコストでシステムを開発します。発注する企業は製造業や金融業、官公庁や小売業などすべての産業です。一方、自社開発系では、ITベンダーが自らのコストで業務ソフトウェアなどを開発し、それをパッケージやサービスの形で、企業や個人に提供します。自社開発の対象は、業務システム・アプリケーション、基本ソフト、ミドルウェア、インフラなどです。

ITによる会計情報の管理

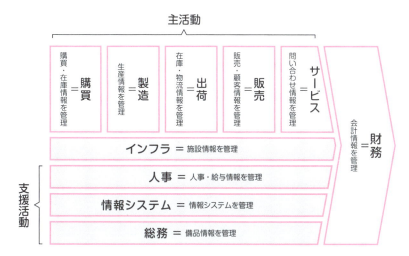

受託開発系ベンダーのビジネス

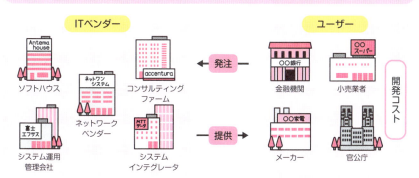

自社開発系ベンダーのビジネス

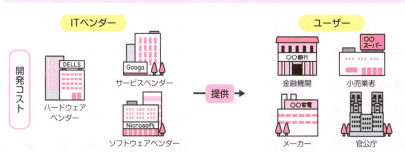

> 基礎編

11 受託開発系はどのようなサービスを提供しているのですか？

 実は、結構、サービスが細分化されているのですよ。

 どのように理解すればいいのですか。

 開発のプロセスと対象によって分けるとわかりやすいかも。

サービスは開発プロセスと開発対象で分類できます。

　受託開発系のサービスは、企画提案から運用管理までの開発プロセスと、開発対象によって分類できます。開発対象が業務システムの場合、開発プロセスの全業務を担うサービスはシステムインテグレーション、要件定義・設計業務と外注先・プロジェクト管理を担うサービスはITコンサルティング、設計・開発・テストを担うサービスはプログラム開発、運用管理業務を担うサービスはシステム運用管理などと呼ばれます。それぞれシステムインテグレータ、ITコンサルティングファーム、協力会社、システム運用受託会社などが担っています。

組込みシステム、Webシステムなども開発しています。

　ITベンダーは、業務システム以外にも、業務システムなどを支えるネットワーク・インフラ、家電や自動車などに搭載される組込みシステム、ECサイトやSNSなどのWebシステム、スマートフォン向けのスマホアプリなどを開発しています。それぞれ、ネットワーク構築・運用、組込みシステム開発、Web制作、スマホアプリ開発などと呼ばれます。これらのサービスは、ネットワーク・構築・運用会社、Web開発会社、アプリ開発会社、組込みシステム開発企業などが、外部の協力会社とともに開発を担っています。

受託業務システム開発のサービス

システムインテグレーション

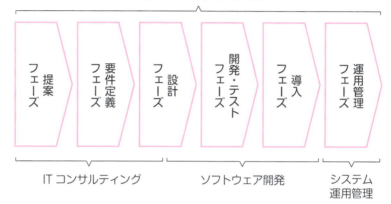

受託業務システム開発以外のサービス

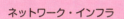

> 基礎編

12 自社開発系はどのようなサービスを提供しているのですか？

 大きく分けると、ソフトとハードだね。

 もう少し細分化するには？

 開発の対象と提供方法で分けるといいよ。

▍サービスは開発対象と提供方法で分類できます。

　自社開発系のサービスは、基本ソフトやミドルウェアといった開発対象と、パッケージ販売やサービス提供といった提供方式で分類できます。パッケージソフトの開発対象は、OS（基本ソフト）、データベースやサーバなどのミドルウェア、ERPやCRMなどの業務アプリケーション、サーバマシンやネットワーク機器などのハードウェアであり、ITサービスの開発対象は、ミドルウェアや業務アプリケーションのほか、スマホアプリ、インフラなどです。いずれも、ソフトウェ・インフラ・ハードウェアのベンダーによってサービスが提供されます。

▍買い切りのほか、利用する権利の購入もあります。

　パッケージソフトは基本的にサーバマシンやPC、スマホやタブレットといったハードウェアにインストールして利用する一方、ITサービスではソフトウェアがインターネットの向こうのサーバ上に置かれていて、企業や個人はブラウザ上などでソフトウェアの機能をサービスとして利用します。いずれもソフトウェアベンダーが提供し、提供方法は、無償提供から、パッケージ・ダウンロード販売、代理店販売、サブスクリプション方式まで様々です。また、ハードウェアには買い切りモデルのほか、利用する権利を販売する方法も登場しています。

自社開発系のサービス

基本ソフト	ミドルウェア	業務アプリケーション	スマホアプリ	クラウドサービス

パッケージソフト　　　　　　　　　Webアプリ　　　IaaS
業務パッケージ　　　　　　　　　　ネイティブアプリ　PaaS
　　　　　　　　　　　　　　　　　ハイブリッドアプリ　SaaS

自社開発系ソフトウェアの提供方法

無償提供	パッケージ/ダウンロード販売	代理店販売	サービス提供（サブスクリプション）

基本ソフト
Linux

ミドルウェア
MySQL

スマホアプリ
LINE

基本ソフト
Windows OS

オフィスアプリケーション
Microsoft Office

ゲームアプリ
MineCraft

ミドルウェア
ORACLE DB

業務アプリケーション
SAP ERP

業務アプリケーション
Salesforce

クラウドサービス
AWS

基礎編　IT業界のサービス

基礎編

13 業務アプリケーションとはどのようなシステムですか？

企業の社内業務を支援するアプリケーションです。

結構、幅が広そうですね。

だから、基幹系、業務支援系、Web系に分けて理解するといいの。

基幹系は、ERPやSCMなど基幹業務を担うシステムです。

　業務アプリケーションは、基幹系、業務支援系、Web系の3つに分けられます。基幹系とは、会計、人事、購買、生産、販売、在庫といった企業の根幹を担う業務の情報を管理するソフトウェアです。ERPやSCMも基幹系に分類され、各業務の情報を個別に管理するソフトウェアもあります。ERPは人事・会計を中心に、調達・生産・販売業務に関する情報を、SCMは調達・生産を中心に物流・販売・生産業務に関する情報を一元管理します。基幹系には、銀行の勘定システム、証券会社の証券システムなど業界特有のシステムも含まれます。

業務支援系は、基幹系以外の業務を支援するシステムです。

　業務支援系とは、販売、営業、業務管理、情報共有、データ分析などの業務を支援するソフトウェアです。業務支援系には、顧客ごとの売上・属性データを収集・管理・分析して販売活動を支援するCRM、営業マン・顧客ごとの営業プロセスや進捗情報を収集・管理・分析して営業活動を効率化するSFAのほか、プロジェクト管理、ナレッジマネジメント、グループウェア、データ分析、セキュリティ対策があります。CMS（コンテンツ管理）、ECサイト構築、ログ解析などのWebシステム向けのソフトウェアもしばしば業務支援系に分類されます。

基幹系のシステム

名称	説明
ERP（Enterprise Resource Planning）システム	財務会計、人事管理、購買管理、在庫管理、販売管理、生産管理などの業務システムを企業全体の視点で統合的に管理するシステム
SCM（Supply Chain Management）システム	自社内あるいは取引先との間で受発注や在庫、販売、物流などの情報を共有し、原料、部材、製品を全体最適するシステム
会計システム	会社の会計情報を開示するためのPL、BS、キャッシュフローといった財務諸表や企業内の関係者間で経営管理に役立つ会計情報を提供することで、経営を支援するシステム
人事管理システム	勤務管理、労務管理、人事情報管理、給与管理などを支援するシステム
販売在庫管理システム	受注管理、在庫管理、出荷管理、売上管理などを支援するシステム
生産購買管理システム	原材料管理、購買管理、生産計画、工程管理、製品出庫・在庫管理、原価管理などを支援するシステム

業務支援系のシステム

名称	説明
CRM（Customer Relationship Management）システム	顧客ごとの売上・属性データを収集・管理・分析することで、販売チャネルごとの販促、営業、保守などの活動を支援するシステム
SFA（Sales Force Management）システム	販売員・顧客ごとの営業プロセスや進捗情報を収集・管理・分析することで、営業活動を効率化するシステム
プロジェクト管理システム	プロジェクトの進捗・問題・変更・リスク・品質・コミュニケーション・構成・書類などを管理するシステム
KM（Knowledge Management）システム	企業内部の書類やドキュメント、情報や知見の管理や作成を支援するシステム。一般に、検索性・安全性・保存性などの向上に寄与する。
グループウェア	スケジュール管理、電子決済、設備予約、ファイル共有、電子掲示板、ドキュメント管理などを通じて、組織内の情報共有を支援するシステム
データ分析（データマイニング）システム	自社の売上や製品、競合他社の動向や製品などのデータを分析することで、経営・業務上の意思決定を支援するシステム
セキュリティ管理システム	PC管理、ソフトウェア配布、ライセンス管理、パッチ管理、ログ管理、不正検出などにより情報システムのセキュリティ管理を支援するシステム

Web系のシステム

名称	説明
CMS（Contents Management System）	ウェブサイトを構成するテキスト・画像などのデジタルコンテンツを統合的に管理し、配信を支援するシステム
EC構築システム	商品紹介・注文、MYページ、認証、基本情報設定、顧客管理、受注管理、商品管理、売上集計、販売分析、決済などの機能を備えたシステム
ログ解析システム	自社サイトにアクセスしてきたユーザーの要求内容履歴を集計・分析するシステム

> 基礎編

14 オンプレミス、ホスティング、クラウドとは何ですか？

情報システムのインフラを構築する方法ですね。

なぜ、そんなに種類があるんですか。

用途に応じて使い分けるためです。

いずれかの手段で情報システムのインフラを構築します。

　情報システムのインフラは、オンプレミス、ホスティング、ハウジング、クラウドのいずれかで構築されます。オンプレミスは、自社施設内にシステムを置いて管理する方式です。ホスティングは、事業者がインフラを提供し、ユーザーは1台のサーバを1つあるいは複数のシステムで共有します。ハウジングは、事業者がネットワークやシステム管理・障害対応サービスを提供する施設内でユーザーが自社サーバを管理します。そしてクラウドサービスは、事業者が提供する仮想化インフラをユーザーが1つあるいは複数のシステムで共有します。

クラウドは、提供されるサービス範囲で分類されます。

　クラウドサービスは、事業者が提供するサービスの範囲によって、分類されます。アプリケーションからインフラまでを提供するサービスはSaaS、ミドルウェアからインフラまでを提供するサービスはPaaS、インフラのみを提供するサービスはIaaSと呼ばれています。クラウドサービスをインフラとして利用できるように提供し始めたのはアマゾンです。クラウドは「従量課金制」「スケールアウト可能」「冗長化や災害復旧が容易」が評価されて急速に普及が進み、その後グーグル、マイクロソフトもサービス提供を始めました。

オンプレミスとクラウドサービスの比較

オンプレミス	ハウジング	ホスティング	IaaS	PaaS	SaaS
データ	データ	データ	データ	データ	データ
アプリケーション	アプリケーション	アプリケーション	アプリケーション	アプリケーション	アプリケーション
ミドルウェア	ミドルウェア	ミドルウェア	ミドルウェア	ミドルウェア	ミドルウェア
OS	OS	OS	OS	OS	OS
サーバ	サーバ	サーバ	サーバ	サーバ	サーバ
ネットワーク・ストレージ	ネットワーク・ストレージ	ネットワーク・ストレージ	ネットワーク・ストレージ	ネットワーク・ストレージ	ネットワーク・ストレージ
データセンター	データセンター	データセンター	データセンター	データセンター	データセンター

■ ユーザが管理するサービス　　■ 提供されるサービス

オンプレミスとクラウドサービスの違い

	オンプレミス	クラウド
初期費用	高い	安い
月額費用	固定費	変動費
利用開始可能日	設備導入後	申し込み後すぐ
カスタマイズ	自由	制限あり
自社の他のシステムとの連携と運営	容易	制限あり
セキュリティ	設定次第	災害に強い
障害対応の復旧時間	長い	短い
災害復旧	比較的困難	比較的容易
冗長化（二重化）	高い	安い

基礎編　IT業界のサービス

基礎編

15 主要なパッケージソフトには何がありますか？

 基本ソフト、ミドルウェア、アプリケーションソフトですね。

 システム構築にはすべて必要なんですか。

 基本的にはそうだけど、クラウドを使う手もあるのよ。

基本ソフト、ミドルウェア、アプリを組み合わせます。

　情報システムは通常、インフラ（サーバ・ネットワーク）上で、基本ソフト、ミドルウェア、アプリケーションソフトを組み合わせて構築します。基本ソフトとは、PCやスマホといったクライアント端末、あるいはサーバ上で動作するオペレーティングシステム（OS）です。クライアント端末向けはクライアントOS、サーバ向けはサーバOSと呼ばれます。現在、主要なクライアントOSには、Windows、MacOS、ChromeOS、iOS、Androidなどがあり、主要なサーバOSには、Windows Server、Linux、UNIXなどがあります。

ミドルウェアは、基本ソフトとアプリケーションを仲介します。

　ミドルウェアとはデータベース、Webサーバ、アプリケーションサーバなどのソフトウェアです。主要なデータベースにはOracle、SQL Server、DB2、MySQLなど、WebサーバにはInternet Information Services、Apache Tomcatなど、アプリケーションサーバにはWebSphere、WebLogic Serverなどがあります。一方、主要な業務アプリケーションには、SAP ERPやProActiveなどのERP、SAP CRMなどのSCM、Dynamic CRMなどのCRM、eセールスマネージャーなどのSFAなどがあります。

主要なパッケージソフトウェア

大分類	中分類	小分類	主要なソフトウェアプロダクツ
基本ソフト		クライアント OS（PC）	Windows OS、MacOS、ChromeOS、Linux
		クライアント OS（スマホ、タブレット）	iOS、Android、Windows mobile
		サーバ OS	Windows Server、Linux、UNIX、MacOS X Server
		組込みシステム	ITRON、POSIX、Symbiam OS
ミドルウェア		データベース	Oracle Database、PostgreSQL、SQL Server、DB2、MySQL、Microsoft Access、MongoDB
		Web サーバ	Apache HTTP Server、nginx、LiteSpeed Web Server、Internet Information Services
		アプリケーションサーバ	Apache Tomcat、Jboss EAP、WebSphere、WebLogic Server、Internet Information Services、Open Liverty、WildFly、Quarkus、Helidon、GlassFish、Jetty
業務アプリケーション	基幹系システム	ERP	SAP ERP、ProActive、SMILE、Oracle Netsuite、Oracle Fusion Cloud ERP、GLOVIA、OBIC7、HUE
		SCM	SAP SCM、Oracle SCM、scSQUARE、Infor SCM、SCPLAN、GLOVIA/SCP、PlanNEL
		会計	勘定奉行、弥生会計、PCA 会計、大蔵大臣
		人事管理	人事奉行、Company、SMILE 人事給与、POSITIVE、GLOVIA iZ
		販売管理	弥生販売、商奉行、ExeQuint、SMILE V、販売王
		生産管理	GLOVIA iZ、EXPLANNER/J、OBIC 生産管理、Smart 生産管理、生産革新 Ryu-jin、WorkGear、atWill
	業務支援システム	CRM	SAP CRM、Dynamics CRM、Oracle CRM、サイボウズ メールワイズ、Sales Force Assistant
		SFA	e セールスマネージャー、Oracle Siebel CRM
		プロジェクト管理	Microsoft Project、Backlog、Project Online
		ナレッジマネジメント	Microsoft Office SharePoint、Backlog、DocBase、NEC Information Assessment System
		グループウェア	NI Collabo 360、サイボウズガルーン、Microsoft Exchange
		データ分析	Tableau、Power BI、Looker
	Web システム	CMS	WordPress、Movable Type、XOOPS、Drupal
		EC 構築	ecbeing、EC-Orange、コマース 21、ebisumart、SI Web Shopping、HUE、eltex DC、EC-CUBE
		ログ解析	見える化エンジン、Webconductor、WebTrendsAnalytics、Adobe Analytics
		セキュリティ管理	ウイルスバスター、ノートン、ZERO ウイルスセキュリティ、カスペルスキー、McAfee

基礎編 — IT業界のサービス

> 基礎編

16 主要なクラウドサービスには何がありますか？

大きく、IaaS、PaaS、SaaSの3つがあります。

SaaSとアプリケーションサービスはどう違うんですか。

基本的には同じです。

IaaSはインフラ、PaaSはOS・ミドルウェアも提供します。

　近年、クラウドサービス上で情報システムを構築することが増えてきました。クラウドサービス上では基本的に、データセンター、ネットワーク・ストレージ、サーバの機能が提供されており（IaaS）、サービスによってはOSやミドルウェアを利用したり（PaaS）、ネットワーク・ストレージのみを利用したりすることも可能です。主要なクラウドサービスには、AWS、Windows Azure、Google Cloud Platformなどのほか、OSやミドルウェアも提供するApp Engine、Heroku、Force.comなどがあります。

SaaSでユーザーが用意するのは基本的にデータのみです。

　クラウドサービス上では、様々なアプリケーションサービスも提供されています。こうしたサービスでは、データセンター、ネットワーク・ストレージ、サーバ、OS、ミドルウェア、アプリケーションの機能が提供されており、ユーザーが用意するのはデータのみになります。基幹系のサービスではSAP HANA、ProActive for SaaSなどのERP、Freeeやマネーフォワードなどの会計サービス、業務支援系のサービスではSales ForceのようなSFA、GoogleAppsやサイボウズOfficeのようなグループウェアなどが提供されています。

主要なクラウドサービス

大分類	中分類	小分類	主要なソフトウェアプロダクツ
IaaS			Amazon Web Servies、Azure IaaS、Google Cloud、Fjcloud-V、さくらのクラウド、Oracle IaaS、IBM Cloud
PaaS			Azure Web Apps、AWS Lambda、Salesforce Heroku、kintone、Cloud Datastore、Google App Engine、Salesforce Lightning Platform
SaaS	基幹系システム	ERP	SAP HANA、奉行 V ERP クラウド、ProActive C4、Microsoft Dynamic 365、NetSuite、クラウド ERP freee、マネーフォワードクラウド ERP、大臣エンタープライズ
		SCM	SAP Integrated Business Planning、Business b-ridge、Mycrosoft Dynamic 365 SCM、Infor SCM、IFS Cloud、SCPLAN、mcframe
		会計	勘定奉行クラウド、弥生会計オンライン、スマート大臣、マネーフォワードクラウド会計、freee 会計、FX クラウド、PCA サブスク会計、ネット de 会計
		人事管理	総務人事奉行クラウド、カオナビ、タレントパレット、SmartHR、HRBrain、ジョブカン
		販売管理	弥生販売クラウド、商蔵奉行クラウド、ExeQuint、楽楽販売、SMILE V
		生産管理	GLOVIA iZ、EXPLANNER/J、ORBIC 7、Smart 生産管理、生産革新 Ryu-jin、スマート F
	業務支援システム	CRM	ネクスト SFA、Salesforce、Microsoft Dynamics 365、MOTENASU、Knowledge Suite、HubSpot CRM、Synergymarketing
		SFA	e セールスマネージャー Remix Cloud、Salesforce Sales Cloud、Sales DX
		プロジェクト管理	Redmine、Asana、Backlog、Trello、Project Online、HUE プロジェクト
		ナレッジマネジメント	Microsoft Office SharePoint Online、HOT Knowledge、PKSHA FAQ、Knowledge Suite
		グループウェア	Google Workspace、NI Collabo 360、サイボウズ Office
		データ分析	Tableau、DOMO、Looker Studio
	Web システム	CMS	Movable Type クラウド、Experience Cloud、MP-Cloud、note
		EC 構築	Shopify、Makeshop、Base、WooCommerce、EC-Cube、GMO クラウド EC、メルカート、カラーミーショップ、ecforce
		ログ解析	GoogleAnalytics、User Insight、Ptengine、Social Insight
		セキュリティ管理	ウイルスバスター クラウド、カスペルスキー、McAfee Protection Center

基礎編 ― IT業界のサービス

> 基礎編

17 主要なハードウェアには何がありますか？

クライアント端末、サーバ、ネットワーク機器などが使われています。

ネットワーク機器って、種類が多そうですよね。

ネットワーク機器は、OSI参照モデルの階層ごとに理解するといいわ。

クライアント端末、サーバ、ネットワーク機器などがあります。

　情報システムで使われるハードウェアは通常、クライアント端末、サーバ、ネットワーク機器などです。クライアント端末として使われるのは、PC、タブレット、スマートフォン、そしてシンクライアントです。シンクライアントは、基本的に端末自体にデータやアプリケーションを保存せず、サーバで処理したデータを表示します。サーバには、サーバーラックに格納できるように設計されているラックサーバ、ブレードシャーシと呼ばれる筐体に差し込んで使われるブレードサーバ、スタンドアロン型のタワーサーバなどがあります。

ネットワーク機器には、役割によって様々な種類があります。

　ネットワーク機器は、OSI参照モデルの階層とそこで果たす役割によって分類できます。それぞれ、リピータはケーブルでデータを伝送する際に中継機器の役割を果たし、ブリッジはMACアドレスに応じて適切なデータだけを送り出し、LANスイッチはデータのタイプ/長さに応じて最適な帯域幅で転送し、ルータはIPアドレスを参照して最適な経路を選択し、ゲートウェイはデータの暗号化・復号化を担い、スイッチはIPアドレスを参照してスイッチングし、ファイアウォールはネットワークへの不正アクセスを防ぎます。

主要なハードウェア

大分類	中分類	小分類	主な機能	主要メーカー
クライアント端末		PC	高度なグラフィック表示機能、ファイル処理機能、ネットワーク機能を持つ個人向けのコンピュータ	レノボ、HP、デル、アップル
		スマートフォン	携帯電話とPCの機能を併せ持ち、基本的に指で操作し、インターネットに常時接続する。汎用OSを搭載し、ユーザーがアプリを追加できる	アップル、サムスン電子、シャオミ、オッポ
		タブレットPC	PCの機能を持つ、主に手のみで操作する情報端末。携帯電話の機能を持たず、スマートフォンよりも画面が大きい。スマートフォン同様に汎用OSを搭載し、ユーザーがアプリを追加できる	アップル、サムスン電子、ファーウェイ、レノボ
		シンクライアント	基本的に端末自体にデータやアプリケーションを保存せず、サーバで処理したデータを表示する個人向けコンピュータ	HP、デル、富士通、レノボ、エイサー
サーバ		ラックサーバ	サーバーラックに格納できるように設計されているPCサーバ	デル、IBM、HP、レノボ、日立製作所、富士通
		ブレードサーバ	ブレードシャーシと呼ばれる筐体に差し込んで使われるPCサーバ	
		タワーサーバ	スタンドアロン型のPCサーバ	
		ハイパーコンバージドインフラ	一般的なx86サーバのコンピューティング機能とストレージ機能を集約し、内蔵ストレージを仮想的な共有ストレージとして利用することでシンプルな構造を実現したサーバ仮想化基盤	
ネットワーク機器	第1階層（物理層：L1）	LANケーブル	コンピュータをインターネットで有線接続するために使われるケーブル。銅線が使われているメタルケーブルと、光ファイバーが使われている光ケーブルがある	シスコシステムズ、NEC、アライドテレシス、アリスタネットワーク、ヤマハ、バッファロー、富士通、ジャニパーネットワークス
		リピータハブ（リピータ）	ケーブルでデータを伝送するために使われる中継機。受信した信号を増幅・整形した上で送出する機能を持つ	
		Wi-Fi	コンピュータをインターネットで無線接続するために使われる機器。アクセスキーを入力した端末は、無線接続ができる	
	第2階層（データリンク層：L2）	ブリッジ	第1階層と第3階層をつなげるために使われる中継機。送信先の端末に割り当てられたMACアドレスによって、宛先に転送するデータを判定し、適切なデータだけを送出する	
		L2スイッチ（LANスイッチ）	機器同士の通信接続するために使われる機器。L2スイッチでは、データのタイプや長さを読み取った上で最適な帯域幅で転送する	
	第3階層（ネットワーク層：L3）	ルータ	LANとインターネットを接続するために使われる機器。ルーターでは、IPアドレスを参照した上で、最適なネットワークの経路を選択してデータを転送する	
		VPNゲートウェイ	複数の拠点間を仮想的に作成された専用線を使ってセキュアに接続するために使われる機器。LANとインターネットの間に設置され、データの暗号化と復号化を担う	
		L3スイッチ	L2スイッチとルータの機能を併せ持つ機器。ルーター同様にIPHONEアドレスを参照したうえで、最適なネットワーク経路を選択するが、高速通信が可能。そのため、大規模ネットワークではL2すいっちではなく、価格の高いL3スイッチが使われる	
	第4階層（トランスポート層：L4）	L4スイッチ	トランスポート層向けのL2スイッチとルータの機能を併せ持つ機器。L3スイッチがIPアドレスを参照するのに対して、L4スイッチはIPアドレスとTCP/UDPポート情報を参照して、最適なネットワーク経路を選択する	
	マルチレイヤ（L4〜L7）	ファイアウォール	ネットワークへの不正アクセスを防ぐための機器。ネットワーク外部からの通信をフィルタリングして、安全なものだけを通過させる。ファイアウォールには、IPアドレスやポート番号で通信の可否を判断する「パケットフィルタリング型」、データの内容で通信の可否を判断する「アプリケーションゲートウェイ型」、IPアドレスやポート番号やコネクション単位で通信の可否を判断する「サーキットレベルゲートウェイ」の3種類がある	
		ロードバランサ（負荷分散装置）	外部からの通信を複数のサーバに分散することで、負荷分散を図る機器。1つのサーバに処理能力を超えるアクセスが集中すると、サーバがダウンしたり、レスポンスが低下したりする可能性がある。そのためロードバランサは、サーバアクセスを一旦集約し、リソースに余裕のあるサーバを接続先に選ぶことで、システムの可用性を向上させる	
		UTM	ファイアウォール、IDS/IPS、アンチウイルス、アンチスパム、Webフィルタリングなど、複数の異なるセキュリティ機能を備える機器。様々なセキュリティ対策を1台で実施することにより、運用負荷の低減とネットワーク管理の利便性向上を図る	

基礎編　IT業界のサービス

047

KEYWORD

1行でわかる 2章の重要キーワード

- **受託開発系**……………… 受託してユーザー企業のコストでシステムを開発するビジネスモデル
- **自社開発系**……………… 自らのコストでソフトウェア・サービスを開発するビジネスモデル
- **システムインテグレーション** … 業務システム開発のすべてのプロセスを受託するサービス
- **ITコンサルティング**…………… 業務改革に向けてシステム開発の上流工程を受託するサービス
- **プログラム開発**……………… 業務システム開発などにおいて、プログラム開発を受託するサービス
- **基幹系**……………………… ERPやSCMなど企業の根幹を担う業務の情報を管理するソフトウェア
- **業務支援系**………………… 販売、営業、業務管理、情報共有などの業務を支援するソフトウェア
- **Web系**……………………… CMS、ECサイト構築、ログ解析などのWebシステム向けソフトウェア
- **オンプレミス**……………… 自社内にシステムを置いて、基本的にユーザー企業が管理する方式
- **ホスティング**……………… 提供されたインフラ・サーバを、ユーザー企業が利用する方式
- **ハウジング**………………… 提供されたインフラ内で、ユーザー企業が自社サーバを管理する方式
- **クラウドサービス**………… 提供された仮想インフラ・サーバをユーザー企業が共同利用する方式
- **SaaS**………………………… アプリケーションからインフラまでをITベンダーが提供するサービス
- **PaaS**………………………… ミドルウェアからインフラまでをITベンダーが提供するサービス
- **IaaS**………………………… ITベンダーが仮想化されたインフラのみを提供するサービス
- **基本ソフト**………………… クライアントOS、サーバOSといったオペレーションシステムのこと
- **ミドルウェア**……………… OS上で動作するデータベース、(ソフトウェア) サーバなどのこと
- **PCサーバ (ハードウェア)**… ブレードサーバなど、サーバ (ソフトウェア) を搭載する高性能PC
- **クライアント端末**………… PC、タブレット、シンクライアントなど、ユーザーが利用する端末
- **リピータ**…………………… ケーブルでデータを伝送する際に中継機器となるネットワーク機器
- **ブリッジ**…………………… MACアドレスに応じて適切なデータだけを送り出すネットワーク機器
- **LANスイッチ**……………… データのタイプ/長さに応じて最適帯域幅で転送するネットワーク機器
- **ルータ**……………………… IPアドレスを参照して最適な経路を選択するネットワーク機器
- **ゲートウェイ**……………… データの暗号化・復号化を担うネットワーク機器
- **スイッチ**…………………… IPアドレスを参照して適切にスイッチングするネットワーク機器

基礎編

Chapter

3

IT業界のプレイヤー

18　システム開発プロジェクトにはどのような企業が参加しますか？
19　IT業界のピラミッド構造とはどのようなものですか？
20　ITベンダーは系統でどのように分類できますか？
21　受託開発系の主要顧客はどのような企業ですか？
22　受託開発系の組織はどのような体制ですか？
23　自社開発系の組織はどのような体制ですか？
24　情報システム部門はどのような役割を担っていますか？
25　業界によって求められるシステムは変わりますか？

基礎編

18 システム開発プロジェクトには どのような企業が参加しますか？

ユーザー企業から一括受注するのはSIerだね。

ほかにも、参加する企業はあるんですか。

協力会社、コンサル、ハード・ソフトベンダーなど、様々です。

開発プロジェクトには、様々なITベンダーが参加します。

　大規模システム開発プロジェクトを例に、IT業界の主要プレイヤーを紹介しましょう。大規模プロジェクトの場合、ユーザー企業からシステム開発を一括受注するのは通常、システムインテグレータ（SIer）です。ただし、ITによる業務改革を主眼とするプロジェクトではITコンサルティングファームが受注して、実際の開発をSIerが担うこともあります。また、特定のアプリケーションやITサービスの導入を目的として、カスタマイズが必要なプロジェクトでは、ソフトウェアベンダーの仲介で、SIerなどが案件を請け負うこともあります。

SIerが、役割に応じて様々なITベンダーに発注します。

　実際の開発では、SIerが、プログラム開発やテストなどを担当する協力会社、業務アプリケーションなどを提供するソフトウェアベンダー、サーバマシンやネットワーク機器を提供するハードウェアベンダー、ネットワーク・インフラを構築・提供するネットワークベンダーやクラウドベンダー、システムの運用管理を担う運用管理ベンダーなどに発注します。なお、ソフトウェアやベンダーは、製品・サービスを提供するだけでなく、システムの開発・運用管理にあたって発生する様々なトラブルの解決を支援します。

大規模システム開発に見るIT業界の主要プレイヤー

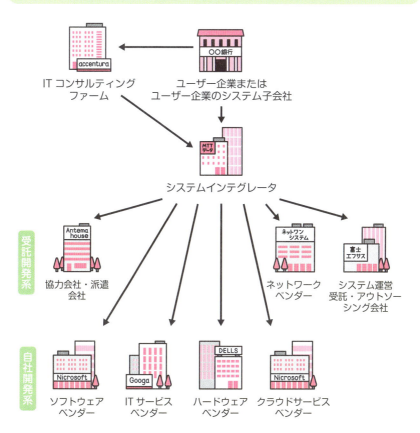

システム開発の受注パターン

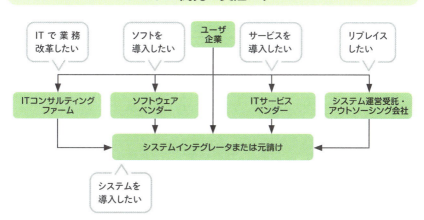

基礎編 ─ IT業界のプレイヤー

基礎編

19 IT業界のピラミッド構造とはどのようなものですか？

簡単に言うと、多重下請け構造ですね。

何か、問題があるんですか。

多重マージン、業務の丸投げ、不法労働などです。

多重下請け構造は、IT業界のピラミッド構造と呼ばれます。

　大規模システム案件をシステムインテグレータ（1次請け）がユーザー企業から一括受注すると、通常、開発業務を2次請けの協力会社に発注します。2次請けの会社は3次請けの会社に一部の業務を発注し、さらに3次請けの会社が4次請けの会社や個人などに発注することもあります。こうした多重下請け構造は、IT業界のピラミッド構造と呼ばれ、大きな問題をはらんでいます。例えば、間に入る会社がそれぞれマージンを取るので、下に行けば行くほど実労働とは関係なく十分な利益が得られず、従業員の給与が低くなりがちです。

ピラミッド構造はしばしば、不法労働の温床を生んでいます。

　IT業界のピラミッド構造はまた、1次請けや2次請け企業にも問題をもたらします。しばしば、下請けに業務を丸投げしている1次請けや2次請けのスタッフは、システム開発で求められるITスキルがあまり身に付きません。特に、ユーザー企業がシステム案件を自社のシステム子会社を通して発注している場合、こうした状況が生まれがちです。さらにピラミッド構造は、下請け会社の社員が元請けの名刺を持たされてユーザー企業に常駐するなど（客先常駐と呼ばれる）、不法労働の温床を生んでいます。

IT業界のピラミッド（多重下請）構造（例）

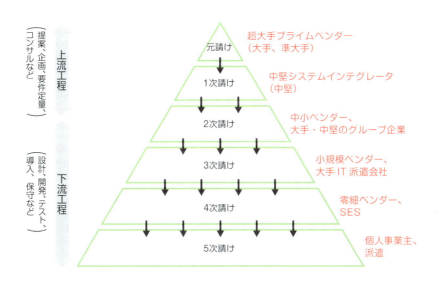

下請構造による給与格差

出典：リクルート「Tech総研」

基礎編

20 ITベンダーは系統でどのように分類できますか？

出自や親会社、提供する業務に応じて分類できます。

具体的には？

ユーザー系、メーカー系、独立系、総研系、コンサル系、外資系です。

ユーザー系、メーカー系、独立系、外資系などに分類できます。

　ITベンダーは、系統や親会社、提供する業務に応じて、ユーザー系、メーカー系、独立系、総研系、コンサル系、外資系に分類できます。ユーザー系はユーザー企業から会社、メーカー系はコンピュータの製造から事業を開始した会社、独立系は情報処理やコンピュータディーラーから事業を開始して親会社を持たない会社、総研系は金融機関から独立して会社、コンサル系は大手会計事務所から独立した会社、外資系はグローバルでプロダクト・サービスを展開する会社の日本支社です。

SIerの強みは、親会社の有無や系統によって様々です。

　大手や準大手のシステムインテグレータの強みは様々です。米国の通信機器メーカーとの合弁会社として設立されたNECはネットワーク構築・運用に強みを持ち、富士電機の通信機器子会社として設立された富士通はサーバマシンやスパコンなどを得意とします。日立製作所の強みは、鉄道や電力といった社会インフラ向けの受託システム開発であり、NTTから独立したNTTデータは、官公庁や地銀向けのソリューションを得意とし、大塚商会はシステム運用受託に強みを持ちます。こうした違いはグループ編成にも影響を与えます。

基礎編　IT業界のプレイヤー

親会社の有無などによるITベンダーの分類

| 親会社との結びつきが強い | ハードウェアも作っている | ディーラー系とアウトソーシング系がある | いずれも金融機関の子会社 | 外資系が多い | グローバルで製品・サービスを展開 |

情報システム部門 → ユーザー系（独立）

コンピューターメーカー → メーカー系（独立）

独立系 / 総研系 / コンサル系 / 外資系

- ユーザー系: NTTデータ／新日鉄ソリューションズ／SCSK
- メーカー系: NEC／富士通／日立製作所
- 独立系: 大塚商会／富士ソフト／ネットワンシステムズ
- 総研系: 野村総合研究所／日本総合研究所／大和総研
- コンサル系: アクセンチュア／アビームコンサルティング／PwCコンサルティング
- 外資系: 日本IBM／SAPジャパン／日本オラクル

大手ITベンダーのグループ編成

	本体	受託システム開発	パッケージ・サービス	ネットワーク構築・運用	システム運営受託・アウトソーシング	ITコンサルティング	ハードウェア
富士通グループ	富士通	富士通マーケティング	富士通ビー・エス・シー	富士通テレコムネットワークス	富士通エフサス	Fujitsu Consulting	PFU、富士通フロンテック
NECグループ	NEC	NECプラットフォームズ		NECネッツアイ	NECフィールディングス	アビームコンサルティング	NECネットワーク・センサ
日立製作所グループ	日立製作所	日立システムズ			日立ソリューションズ	日立コンサルティング	
NTTデータグループ	NTTデータ	JSOL	NTTデータ・イントラマート	NTTデータ・カスタマサービス	NTTデータSMS	NTTデータ経営研究所	NTTデータMSE
日本IBMグループ	日本IBM	CSOL		ISE	ISC-J		TSOL
大塚商会グループ	大塚商会	OSK			アルファネット		アルファテクノ

21 受託開発系の主要顧客はどのような企業ですか？

基礎編

 中堅規模以上のユーザー企業が中心です。

どのように発注するのですか。

 システム子会社を通じてが多いですね。

主要顧客は、主に中堅規模以上の企業や団体です。

　一定規模以上の受託開発系ベンダーの場合、主要顧客は主に中堅規模以上の企業や団体です（ユーザー企業と呼ばれる）。ユーザー企業のうちシステム化投資の金額が高いのは、自動車、電機、精密機器などのメーカーと、銀行、生保、損保、証券会社などの金融機関であり、どちらも総額で年間3兆円もの予算を投じています。ただし、システム投資の内訳は業界によって異なり、メーカーやITではシステム開発費の割合が高い一方、金融機関や流通では情報処理やシステム運用管理費の割合が高くなっています。

システム子会社を通じてSIerに発注します。

　金融機関、メーカーなどの場合、自社の情報システム部門から独立したシステム子会社を通じて、システム開発をシステムインテグレータに発注しています。システム子会社の役割は、親会社のIT戦略やシステム要件を明確にして、それをRFPなどの形で文書化して発注し、外注先を管理することです。なお、自社開発系の場合、ERPやSCMなどの基幹系アプリケーションの主要顧客はほぼ受託開発系と同じですが、それ以外の業務支援系やWeb系のアプリケーションは、中小企業から個人ユーザーまで幅広い層が顧客対象です。

IT業界のユーザー企業の産業別構成

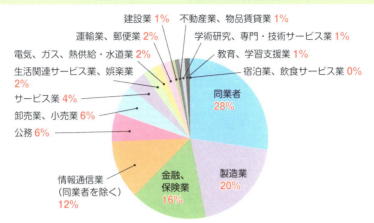

出典：特定サービス業実態調査（経済産業省）

ユーザー企業のシステム子会社

基礎編

22 受託開発系の組織はどのような体制ですか？

大きく、業界別部門と業務別部門に分かれます。

システム案件を担当するのは？

プロマネ以下の基本ユニットです。

組織は、業界別部門と業務別部門に分かれています。

　大手システムインテグレータの組織は一般に、金融、公共、製造などの業界別部門と、ERPやSCMなどの業務別部門に分かれています。業界別部門は主に東京、愛知、大阪などの市場が大きい地域を担当し、地域統括部門がそれ以外の地域を担当しています。業界別部門は主力部隊であり、NTTデータであれば自治体ソリューション、野村総研であれば証券ソリューションなど、自社が強みを持つ業界向けのサービスを提供しています。また、多くの受託開発系は、業界特有の業務アプリケーションをパッケージやサービスとして提供しています。

業界別部門では案件ごとにユニットが編成されます。

　業界別部門の開発部門ではシステム案件ごとに、プロジェクトマネージャーの下に、SE、営業、運用管理担当で構成される基本ユニットが編成されます。このチームが、システム開発・運用のすべてのプロセスを担当するのです。業界別部門のユニットの人数は、開発案件の規模によって変わります。大規模案件の場合には、開発費は数十億から数百億、参加人数は数千人、開発期間は数年に及ぶことも珍しくありません。一方、業務別部門では、基本的に自社開発系と同様の基本ユニットが編成されることになります。

受託開発系ベンダーの組織体制

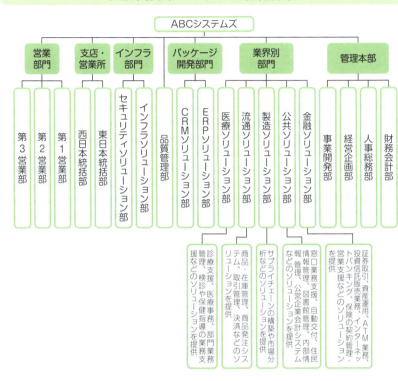

開発部門の基本ユニットとサポート部門

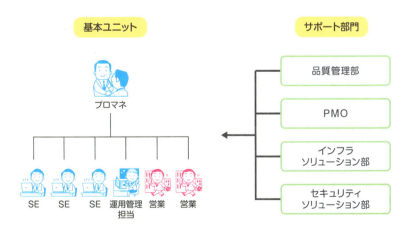

> 基礎編

23 自社開発系の組織はどのような体制ですか？

パッケージやサービスごとに部門が分かれているよ。

受託開発系との違いは？

デザイナーやマーケが重要な役割を果たしているんだ。

パッケージやサービスごとに部門が分かれています。

　大手ソフトウェアベンダーやITサービスベンダーの組織は一般に、ソフトウェアパッケージやITサービスごとの開発部門と、営業、マーケティング、そしてインフラやセキュリティなどのサポートの部門とに分かれています。開発部門において、ERPやCRMのような業務アプリケーションのパッケージ・サービスを開発するのは、プロダクトマネージャー以下の基本ユニットです。基本ユニットには、プログラマ、インフラエンジニア、デザイナーなどが属し、システムの企画、設計、開発、テスト、運用までのすべてを担当します。

マーケターは販促を担い、法人・技術営業は売り込みます。

　新しいパッケージ・サービスをリリースしたり、既存のパッケージ・サービスをバージョンアップしたりするときは、マーケティング部門からマーケターが参加してリリース前に販促プランを立て、システムインテグレータなどのパートナー企業向けのイベントを企画・実施します。営業部門では、法人営業と技術営業がパートナー企業やユーザー企業に売り込む役割を担います。法人営業はキーパーソンに営業をかけ、技術営業は検討企業からの技術的な問い合わせに答え、必要に応じて現場に出向いてトラブルを解決します。

自社開発系ベンダーの組織体制

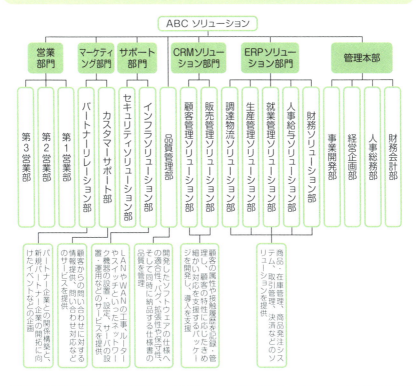

開発部門の基本ユニットとサポート部門

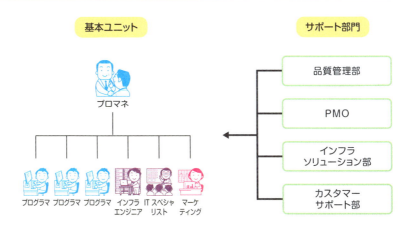

> 基礎編

24 情報システム部門はどのような役割を担っていますか？

システムを発注するのが情シスの役割です。

それには、要件を固める必要がありますよね。

でも、要件があやふやなことも少なくないんだ。

システムを発注するのが情報システム部門です。

　システム開発のプロジェクトにおいて、ユーザー企業においてITベンダーにシステムを発注する役割を担っているのが情報システム部門です。通常、ITベンダーのSEはユーザー企業の業務がわからず、ユーザー企業内で実際にシステムを使う業務担当（社内ユーザー）もすべての業務を把握していません。そこで情報システム部門の担当者がITベンダーのSEとともに、社内のシステム化対象となる業務の内容と流れ、社内ユーザーの要望とシステムによって実現するべき機能をシステム化要件としてまとめます。

実際のプロジェクトではしばしば、要件があやふやです。

　実際のプロジェクトでは要件があやふやなことも少なくありません。たとえば、システム導入の目的が、経営層にとってはコスト削減、エンドユーザーにとっては業務の効率化、情報システム部門にとっては運用業務の平準化というように異なるのです。このような場合、ITベンダーには、矛盾点を整理して、妥協点を見つける役割が求められます。なお最近は、情報システムと業務との親和性が高くなったため、システムだけではなく業務を再設計したり、業務の最適化を図ったりするケースも増えています。

情報システム部門の役割

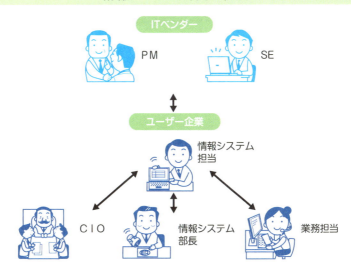

情報システム部門の業務範囲

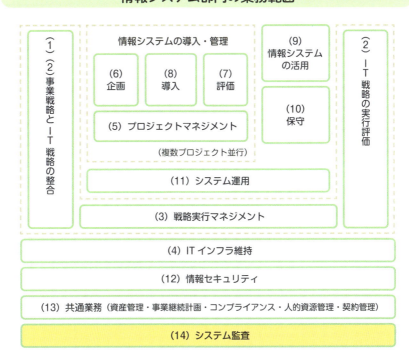

> 基礎編

25 業界によって求められるシステムは変わりますか？

当然、変わってきます。

代表的な求められるシステムは？

ERP、SCM、CRMなどです。

求める情報システムは、業界によって変わります。

　ユーザー企業が求める情報システムは、業界によって変わります。金融機関のうち、銀行が必要とするのは、入出金や資金の決済、講座や融資の残高管理、利息計算などの勘定処理を行うシステムです。各銀行の勘定系システムの一部を接続することで、現在、オンラインバンキングシステムが構築されています。また、証券会社で求められるのは、株や債券などの注文約定・精算システムを中核とした証券システムです。いずれにおいても、オンライン取引が広がるにつれて、システムの安定稼働は極めて重要になっています。

メーカーではSCM、流通ではCRMなどが求められます。

　メーカーで求められる情報システムは、生産・販売計画、調達、生産、物流、販売などの業務に関する情報を一元管理するSCMです。SCMは、資材の調達、製品の生産や在庫管理や配送、販売やサービスの情報を、社内だけでなく、取引先との間で共有します。また、流通事業者で求められるのは、単品ごとの商品と在庫、売上と発注を管理するPOSシステムと連携したCRMシステムです。CRMシステムは、店舗・顧客ごとの売上・属性データを収集・管理・分析することにより、流通事業者の販売活動を支援します。

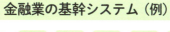

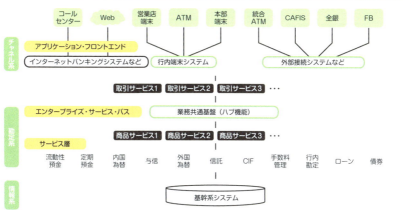

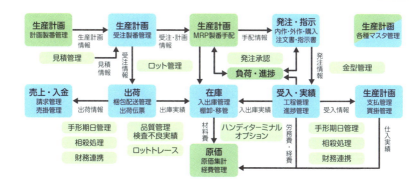

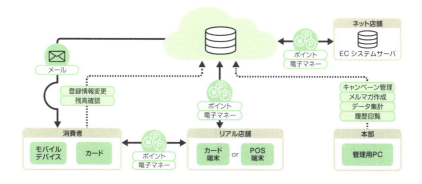

KEYWORD

1行でわかる 3章の重要キーワード

- **客先常駐**……………………下請けの社員が元請けの名刺を持ちユーザー企業に常駐する状態
- **1次請け**……………………ユーザー企業から直接、業務システム開発を受託するITベンダー
- **2次請け**……………………1次請けからシステム開発の一部を受託するITベンダー
- **多重下請け構造**……………複数の階層構造によって、受託業務を実施する業界の構造
- **ユーザー系**…………………ユーザー企業が設立したり、情シス部門が独立したりしたITベンダー
- **メーカー系**…………………コンピュータ(ハード)の製造から事業を開始したITベンダー
- **独立系**………………………情報処理や計算機センターなどに出自を持つ、独立ITベンダー
- **総研系**………………………主に金融機関のシンクタンクに出自を持つ、ユーザー系ITベンダー
- **コンサル系**…………………主に外資系(欧米)の大手会計事務所に出自を持つ、ITベンダー
- **外資系**………………………グローバルで事業展開するソフトウェア・ハードウェアベンダー
- **システム子会社**……………ユーザー企業が設立したり、情シス部門が独立したりしたITベンダー
- **業界別部門**…………………自社が強みを持つ業界別ソリューションを提供するITベンダーの部門
- **業務別部門**…………………自社が強みを持つ業務別ソリューションを提供するITベンダーの部門
- **基本ユニット**………………プロマネの下に、SE、営業、運用管理担当で構成される組織の単位
- **情報システム部門**…………社内の情報システム関連の業務を担い、システムを発注する部門
- **社内ユーザー**………………社内の情報システムを利用する社員。エンドユーザーとも呼ばれる

基礎編

Chapter 4

IT業界のキャリア

- 26 ITベンダーではどのような職種が働いていますか？
- 27 開発・運用系のスタッフどのようなキャリアを進みますか？
- 28 営業・マーケ系のスタッフどのようなキャリアを進みますか？
- 29 ITベンダーはどのように人材を採用していますか？
- 30 IT業界における転職はどのような状況ですか？
- 31 IT関連の国家資格には何がありますか？
- 32 IT関連のベンダー資格には何がありますか？
- 33 国はIT人材育成に向けてどのように取り組んでいますか？

基礎編

26 ITベンダーではどのような職種が働いていますか?

大きく3つの役割に分けられるよ。

開発系と営業系と、あとは?

技術支援系のスタッフだね。

開発・運用系、営業・マーケ系、技術支援系に分けられます。

受託開発系、自社開発系を問わず、ITベンダーで働く職種は、大きく3つの役割に分けられます。すなわち、システムやソフトウェアを設計したり、開発したり、運用管理したりする「開発・運用系のスタッフ」、システムやソフトウェアを提案したり、営業したり、販売支援したりする「営業・マーケティング系のスタッフ」、そしてシステムやソフトウェアの開発における様々な課題や問題を解決して開発を支援する「技術支援系のスタッフ」です。これらの職種が協力することで、システムやソフトウェアをユーザーに提供しているのです。

PMやSEは管理し、コンサルやスペシャリストは支援します。

プロジェクト・プロダクトマネージャー(PM)やSEはプロジェクトを管理し、プログラマはソフトウェアを開発します。技術支援系において、ITコンサルタントはシステムを利用した経営・業務改革を提案・実行し、インフラエンジニアは最適なシステムを構築・運用・改善し、ITスペシャリストは専門技術を現場にフィードバックします。インフラエンジニアにはサーバやネットワークなど、ITスペシャリストにはアプリケーションやセキュリティなど、ITコンサルタントにはERPやSCMなどの専門分野があります。

基礎編 ─ IT業界のキャリア

開発・運用系のスタッフ

ITベンダー

プロジェクト・プロダクトマネージャー

SE

プログラマ

運用管理担当

デザイナー

営業・マーケ系のスタッフ

ITベンダー

営業課長

営業

セールスエンジニア

マーケティング

技術支援系のスタッフ

ITベンダー

インフラエンジニア

アプリケーションスペシャリスト

ITコンサルタント

ITアーキテクト

ユーザー企業のスタッフ

ユーザー企業

CIO

情報システム部長

情報システム担当

業務担当

069

基礎編

27 開発・運用系スタッフはどのようなキャリアを進みますか？

一定程度の経験を積んだら、より高度な仕事に携わるよ。

その後は？

マネジメント、コンサル、スペシャリストなどの道を進みます。

プロマネ、ITコンサル、スペシャリストなどになります。

　受託開発系のITベンダーにおいて、開発・運用系のスタッフは通常、一定期間の研修の後、プログラムのテスト、運用管理、プロジェクト管理の補佐といった業務に就きます。数年程度の現場経験を積んだ後、通常は、システムやインフラの設計や導入などを担います。さらに経験を積むと、次第に提案や要件定義といったシステム開発の上流工程を手がけるようになり、その後、プロジェクトマネジャー、ITコンサルタント、インフラエンジニア、ITスペシャリストなどのキャリアを選択することになります。

自社開発系の採用対象はスキルを有する人です。

　自社開発系ITベンダーは、開発・運用系のスタッフを最初からプログラマやインフラエンジニアとして採用します。採用対象は一定レベル以上のスキルを有する人です。彼らは、数年程度経験を積むとソフトウェアエンジニアとなり、その後、プロダクトマネージャーとしてプロジェクトとITエンジニアをマネジメントする、インフラエンジニアとして開発を支援する、ITやアプリケーションのスペシャリストとして専門分野の技術を極めるなどのキャリアを選択します。なお、ITサービス分野で起業する人の多くは、自社開発系ベンダー出身です。

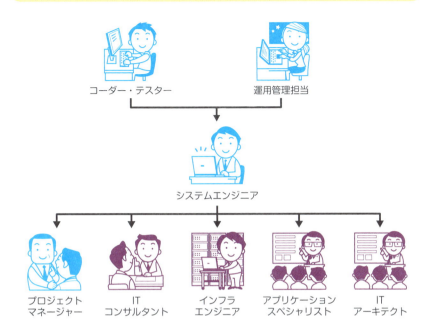

受託開発系における開発・運用系のキャリア

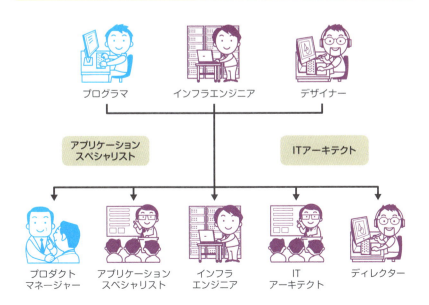

自社開発系における開発・運用系のキャリア

> 基礎編

28 営業・マーケ系のスタッフはどのようなキャリアを進みますか？

営業は、マネジメントなどの道に進みます。

マーケは？

マーケには、販促支援、チャネル戦略などの道があるね。

マネジメント、コンサル、プロモーションなどになります。

ITベンダーにおける営業の役割は、顧客に対してシステムやソフトウェアを提案することです。営業マンは、一定期間ごとに設定された営業目標（ノルマ）を達成するなどの実績を上げ続けると、「セールスマネジメント＝マネジメントとしてチームで売上を上げる」「コンサルティングセールス＝業務知識を活かして顧客の課題を解決する」「セールスエンジニア＝ITの知識を活かして顧客の問題を解決する」「メディア利用型セールス＝メディアで情報発信して自社の価値を高める」などのキャリアを選択することになります。

マーケは、マネジメント、販促支援などになります。

ITベンダーにおけるマーケティングは、販促プランの立案と実施、イベントの企画と運営、メディアとの関係構築とプロモーション活動などにより、自社や自社のソリューションを売り込んだり、プロダクトやサービスの販売を支援したりする職種です。マーケティングは、一定の経験を積んだ後、「マーケティングマネジメント＝マネジメントとしてチームをまとめる」「マーケティングコンサルタント＝部署横断的に販促を支援する」「販売チャネル戦略＝販売チャネル戦略の立案と実施を担う」などのキャリアを選ぶことになります。

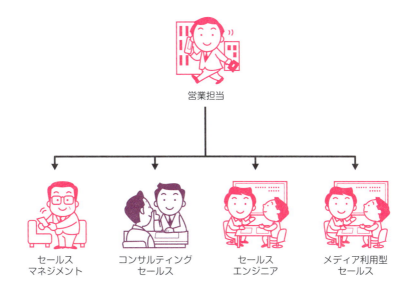

ITベンダーにおける営業系のキャリア

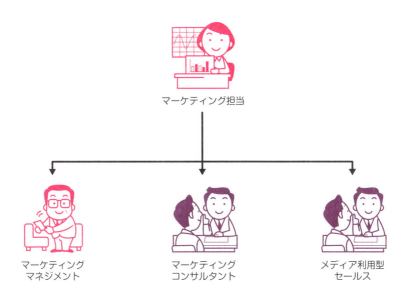

ITベンダーにおけるマーケ系のキャリア

基礎編

29 ITベンダーはどのように人材を採用していますか？

 受託開発系と自社開発系で異なります。

給与は他業界と比較して、どうですか。

 総じて高く設定されていますよ。

自社開発系の採用対象はITスキルを持つ人です。

ITベンダーの採用対象は、受託開発系と自社開発系で異なります。ITエンジニアの採用は、受注開発系ベンダーではプログラミング未経験者も対象ですが、自社開発系ベンダーは基本、一定のITスキルを持つ人が対象です。大手受託開発系の採用は例年、数百人規模で、採用の中心はITエンジニアで全体の7割、営業職採用は2割程度です。ITエンジニアの採用では独自の試験を実施する企業も多く、外資の自社開発系はコーディング試験やシステム設計試験、電話面接やオンサイト面接を実施して、ITスキルを厳しくチェックします。

ITエンジニアの給与は一般に高く設定されています。

仕事の生産性がITエンジニアの能力によって大きく左右されるIT業界では、総じて給与は高く設定されており、近年優秀層を中心にその傾向が高まっています。特に、一部の外資系ベンダー、ITコンサルティングファームなどは、優秀な人材を確保するため、飛び抜けて高い給与やストックオプションを設定しています。ただし、給与は一般に企業の規模に比例し、1次請けよりも2次請け、2次請けよりも3次請けの企業は低くなります。なお自社開発系では、営業系の新卒採用は少なく、経験者の中途採用を重視しています。

ITベンダーの採用（例：受託開発系日本）

新卒・中途採用

- **研究スタッフ** / 応募資格
  - 専攻：理学部または工学部の情報システム学科、数学科など
  - 要件：大学、大学院卒業見込み　または　大学、大学院卒業など

- **開発・運用スタッフ** / 応募資格
  - 専攻：全学部・全学科
  - 要件：専門学校、大学、大学院卒業見込み　または　専門学校、大学、大学院卒業など

- **営業スタッフ** / 応募資格
  - 専攻：全学部・全学科
  - 要件：短大、専門学校、大学、大学院卒業見込み　または　短大、専門学校、大学、大学院卒業など

- **事務スタッフ** / 応募資格
  - 専攻：全学部・全学科
  - 要件：短大、専門学校、大学、大学院卒業見込み　または　短大、専門学校、大学、大学院卒業など

基礎編　ITキャリアのキャリア

ITベンダーの選考プロセス（例：自社開発系外資）

書類選考 → コーディング試験 → リクルーター接触 → 電話面接1〜2回 → オンサイト面接 → 内定

書類選考	職歴、スキル、ポートフォリオなどから応募ポジションにフィットするかを判断
コーディング試験	指定されたサイトにアクセスして問題を確認し、制限時間内に問題を解く。コンピュータサイエンスの基本理解度を見る
電話面接	SkypeやHangoutなどを使った、リモート環境での面接を受ける。ここでも、画面共有の上でプログラムを書くように求められることもある
オンサイト面接	実際に採用元企業の勤務地に出向いて、先方の採用担当や上司、同僚などの面接を受ける。面接終了後に一緒にランチを取ることが多い

> 基礎編

30 IT業界における転職はどのような状況ですか?

 人材不足のため、転職求人倍率が高くなっています。

 すべての職種が不足しているのですか。

 いいえ、求められるのは新たな価値を生み出す人材です。

数十万人規模でIT人材が不足すると見込まれています。

　経済産業省の「IT人材需給に関する調査」によれば、IT人材は2019年をピークに減少し、今後、数十万人規模で不足すると見込まれています。そのため、IT業界では転職が比較的容易です。特にITエンジニアは転職求人倍率が他の職種として比較しても非常に高く、最も人数が多い受託開発系ベンダーからの転職先も、他の受託開発系ベンダーのほかに、ソフトウェアベンダー、ITコンサルティングファームやユーザー企業の情報システム部門、Web制作会社やアプリ制作会社など、様々な選択肢が存在します。

不足するのは新たな価値を生み出すIT人材です。

　ただし、今後大きく人員が不足するのは、ビッグデータやAI、IoTやロボットなど、新しい技術を活用して新たな価値を生み出すIT人材です。また、情報セキュリティやITサービス関連の人材需要も増えると予想されています。一方で、情報システムの受託開発、運用保守などの従来型の人材は余ると考えられています。そのため、IT業界での転職を成功させるには、市場に求められるスキルを自ら学び、必要な経験を積む必要があるでしょう。目指す方向を30代前半頃までに決め、計画的にキャリアを積み上げていく姿勢が求められるのです。

職種別の転職求人倍率

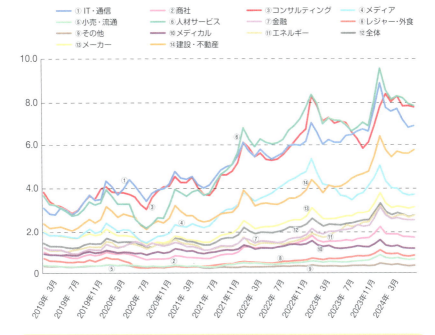

転職市場で求められるスキル・知識

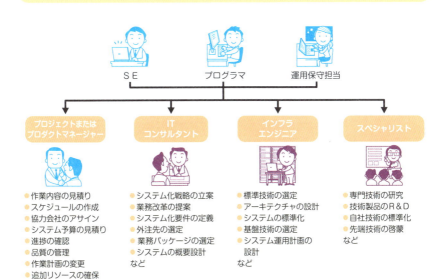

31 IT関連の国家資格には何がありますか？

 基本は、情報処理技術者試験です。

ほかにもあるんですか？

 ITパスポートや情報処理安全確保支援士などもあるよ。

IT関連の代表的な国家資格は、情報処理技術者試験です。

　IT関連資格は、国家資格と民間資格に分けられます。代表的な国家資格が情報処理推進機構（IPA）が実施する情報処理技術者試験です。情報処理技術者試験には、情報システム一般の知識を問う基本情報技術者、応用知識を問う応用情報処理技術者のほか、上級SEに職種ごとの知識を問うITストラテジスト、システムアーキテクト、プロジェクトマネージャ、ネットワークスペシャリスト、データベーススペシャリスト、エンベデッドシステムスペシャリスト、ITサービスマネージャ、システム監査技術者という高度情報処理技術者があります。

ITパスポート、情報処理安全確保支援士などもあります。

　このほか、IPAが実施する国家試験には、ITパスポート、情報セキュリティマネジメント、そして情報処理安全確保支援士があります。ITパスポートと情報セキュリティマネジメントはいずれも、ユーザー企業の情報システム担当者やDX担当者などにシステムを利活用する上での知識を問う資格です。また情報処理安全確保支援士はかつて高度情報処理技術者の1つでしたが、現在は、サイバーセキュリティ分野の国家資格として独立しています。情報処理安全確保支援士のレベルは、高度情報処理技術者と同じレベル4です。

IT関連の国家資格

体系	名称	認定者	対象者	実施元
情報処理技術者試験	ITパスポート	基礎知識をもち、情報技術に携わる業務に就く、あるいは担当業務で情報技術を活用することが可能である者	PG、運用担当、情シス担当など	IPA
	情報セキュリティマネジメント	情報セキュリティポリシーに準拠したシステムの企画・要件定義・開発・運用保守を主導する者	情報システム担当者など	IPA
	基本情報処理技術者	情報技術全般に基本的知識・技能をもち、実践的活用能力を身に付いている者	PG、運用担当、情シス担当など	IPA
	応用情報処理技術者	高度IT人材に必要な応用的知識・技能をもち、方向性を確立している者	PG、運用担当、SEなど	IPA
	ITストラテジスト	企業の経営戦略に基づき、企業活動で情報技術を活用し、基本戦略を策定・推進する者	ITコンサルなど	IPA
	システムアーキテクト	システム開発に必要な要件を定義し、その構造を設計し、開発を主導する者	インフラエンジニアなど	IPA
	プロジェクトマネージャ	開発プロジェクトの責任者として、計画立案、要員・資源の確保、予算・納期・品質の達成を管理する者	PMなど	IPA
	ネットワークスペシャリスト	ネットワークの専門家として、システムの企画・要件定義・開発・運用保守において技術支援を行う者	ITスペシャリストなど	IPA
	データベーススペシャリスト	データベースの専門家として、システムの企画・要件定義・開発・運用保守において技術支援を行う者	ITスペシャリストなど	IPA
	エンベデッドシステムスペシャリスト	組込みシステムの専門家として、基盤構築やシステムの設計・構築・製造を主導する者	ITスペシャリストなど	IPA
	ITサービスマネージャ	システムの安定稼働を確保し、そのための改善・品質管理・安全性や信頼性の向上を主導する者	ITスペシャリストなど	IPA
	システム監査技術者	システムのリスクやコントロールを総合的に点検・評価し、監査結果を報告し改善を勧告する者	ITスペシャリストなど	IPA
情報処理安全確保支援士試験	情報処理安全確保支援士	サイバーセキュリティに関する専門的な知識・技能を活用して企業や組織における安全な情報システムの企画・設計・開発・運用を支援し、また、サイバーセキュリティ対策の調査・分析・評価を行い、その結果に基づき必要な指導・助言を行う者	ITスペシャリストなど	IPA

基礎編

32 IT関連のベンダー資格には何がありますか？

ベンダー資格とそれ以外の資格がありますね。

どのような違いなのですか。

ベンダー資格は、自社製品・技術のプロモーションが目的なんだ。

民間資格には、民間資格とベンダー資格があります。

　IT関連の民間資格には、民間団体や企業が独自の審査基準に基づいて実施・認定する資格と、自社の製品・技術の理解とスキルを認証する<u>ベンダー資格</u>があります。多くのIT事業者やユーザー企業において取得が推奨されているのは、.com Master、<u>LPIC</u>、<u>PMP</u>、<u>ITIL</u>です。.com Masterは業務遂行の上での最低限のIT知識、ITILは経営に役立つシステムを運用管理する上での知識を問う資格です。そして、LPICはLinuxに関する知識やスキル、PMPはプロジェクトを計画、実行、管理する上で必要な知識やスキルをITエンジニアに問う資格です。

人気があるのは、オラクル、シスコ、MS、AWS関連です。

　ベンダー資格として人気があるのは、オラクルのデータベース技術者を認定する<u>オラクルマスター</u>（オラクル）、Java技術者を認定する<u>Javaプログラマ</u>（オラクル）、シスコのネットワーク機器の技術者を認定する<u>CCNA</u>（シスコ）、マイクロソフトの技術者を認定する<u>MCP</u>（マイクロソフト）、AWSを利用する技術者を認定する<u>AWS認定資格</u>（アマゾン ウェブ サービス）などです。ベンダー資格は基本的にユーザーのレベルごとに、資格のランクが設定されており、高度な専門知識を問う専門資格もあります。

IT関連のベンダー資格

体系	名称	認定者	対象者	実施元	種類
ORACLE (DB) 系 (Oracle Master)	Bronze	オラクルデータベースの管理者として管理業務を行う上で最低限の知識を有している者	PG、運用担当、情シス担当など	オラクル	ベンダー資格
	Silver	オラクルデータベースの技術者として管理業務を行う基礎知識を有している者	PG、運用担当、SEなど	オラクル	ベンダー資格
	Gold	オラクルデータベースによるシステムの構築・リカバリ・チューニングなどの専門知識を有している者	ITスペシャリストなど	オラクル	ベンダー資格
	Platinum	構築・リカバリ・チューニング・トラブルシューティングなどの高度な専門知識と豊富な経験を有している者	ITスペシャリストなど	オラクル	ベンダー資格
ORACLE (Java) 系 (Javaプログラマ)	Java Programmer Bronze	Java言語の基本文法とオブジェクト指向プログラミングの基本を理解している者	PGなど	オラクル	ベンダー資格
	Java Programmer Silver	Javaプログラミングに必要とされる仕様の詳細を理解している者	PGなど	オラクル	ベンダー資格
	Java Programmer Gold	Javaによるシステムの設計から実装までの包括的なスキルが身に付いている者	PG、ITスペシャリストなど	オラクル	ベンダー資格
CISCO系 (CCNA)	CCENT	エントリーレベルのネットワークサポート担当者に要求される技能を備えている者	運用担当、情報システム担当など	シスコ	ベンダー資格
	CCDA	シスコ統合ネットワークの設計に関する知識を有する者	運用担当、インフラエンジニアなど	シスコ	ベンダー資格
	CCDP	ネットワークの設計の概念と法則に関する高度かつ豊富な経験に基づいた知識を有する者	インフラエンジニアなど	シスコ	ベンダー資格
	CCDE	ビジネスニーズや予算・運用上の制約などを踏まえて最適な大規模ネットワーク構築が可能なスキルを備えた者	インフラエンジニアなど	シスコ	ベンダー資格
	CCA r	ビジネス目標をサポートできるネットワークの技術仕様の作成が可能な者	ITスペシャリストなど	シスコ	ベンダー資格
	CCIE	ネットワークの計画・準備・運用・監視・トラブルシューティングに必要なエキスパートレベルのスキルを有する者	ITスペシャリストなど	シスコ	ベンダー資格
MS系 (MCP)	MCSA	マイクロソフトのコアプラットフォームに関する専門スキルを持つ者	PG、運用担当、SEなど	マイクロソフト	ベンダー資格
	MCSE	クラウドへの移行を進める組織において必要な専門スキルを持つ者	PG、運用担当、SEなど	マイクロソフト	ベンダー資格
	MCSD	マイクロソフトの技術を利用したアプリケーション開発のスキル・専門知識を持つ者	PG、SEなど	マイクロソフト	ベンダー資格
	MCSM	オンプレミスとクラウド環境が複合するハイブリッドな環境について深い専門知識を持つ者	SE、インフラエンジニアなど	マイクロソフト	ベンダー資格
	MCTS	マイクロソフトの特定技術に関する詳細な専門知識とノウハウを持つ者	インフラエンジニア、ITスペシャリストなど	マイクロソフト	ベンダー資格
	MCITP	マイクロソフトの技術を利用したシステムのサポートや運用管理に関する知識と職務遂行能力を持つ者	運用担当、情報システム担当など	マイクロソフト	ベンダー資格
	MCPD	マイクロソフトの技術を利用したシステムの開発に関する知識と職務遂行能力を持つ者	PG、SEなど	マイクロソフト	ベンダー資格
	MCT	マイクロソフトの技術や製品・ソリューションを教育するために必要な知識と職務遂行能力を持つ者	ITスペシャリストなど	マイクロソフト	ベンダー資格

基礎編　IT業界のキャリア

> 基礎編

33 国はIT人材の育成に向けてどのように取り組んでいますか？

IPAがITSSを公開して、指針を示しているね。

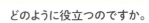どのように役立つのですか。

職種ごとに求められるスキル、キャリアがわかるよ。

多くのITベンダーが、ITスキル標準を活用しています。

　ITベンダーの競争力の源泉は人材であり、その人材を育成するために多くのITベンダーが利用しているのが「ITスキル標準（ITSS）」です。情報処理推進機構（IPA）によって公開されたITSSは、活用方法などを解説した「概要編」、職種の役割と達成度指標などを示した「キャリア編」、スキル熟達度や検収ロードマップなどを解説した「スキル編」で構成されます。ITSSでは、ビジネス成功の視点から、顧客に成果を提供する上で求められるIT人材の育成に向けた方法論を体系的に整理しているのです。

キャリアフレームワークはスキルとキャリアを整理します。

　ITSSのキャリアフレームワークでは、横軸に11の職種、縦軸に5段階の能力レベルを取り、職種ごとに求められるスキルとキャリアを分類し、整理しています。キャリアフレームワークを見れば、各職種に求められるスキルや知識が、テクノロジ、メソドロジ、ビジネスインダストリ、プロジェクトマネジメント、パーソナルという5分類で、スキルの熟達度とともにわかります。また、レベルごとの達成度指標を見れば、そのレベルに達するために求められる要件が把握できるようになっています。

基礎編 ─ IT業界のキャリア

ITSSと情報処理技術者試験の関係

レベル	職種	専門分野	試験区分	注釈
レベル4	マーケティング		ITストラテジスト試験	
	セールス		ITストラテジスト試験	
	コンサルタント		ITストラテジスト試験	
	ITアーキテクト		システムアーキテクト試験ほか	注1
	プロジェクトマネジメント		プロジェクトマネージャ試験	
	ITスペシャリスト	プラットフォーム		
		ネットワーク	ネットワークスペシャリスト試験	
		データベース	データベーススペシャリスト試験	
		アプリケーション共通基盤		
		システム管理		
		セキュリティ	情報セキュリティスペシャリスト試験	
	アプリケーションスペシャリスト		システムアーキテクト試験	
	ソフトウェアデベロップメント	基本ソフト		
		ミドルソフト		
		応用ソフト	システムアーキテクト試験	
	カスタマサービス		ITサービスマネージャ試験	
	ITサービスマネジメント		ITサービスマネージャ試験	
	エデュケーション			
レベル3			応用情報技術者試験	
レベル2			基本情報技術者試験	
レベル1				

ITSSのキャリアフレームワーク

職種とIT投資局面における役割の関係

IT投資の局面と活動領域	経営戦略策定		戦略的情報化企画		開発		運用・保守	
職種	経営目標/ビジョン策定	ビジネス戦略策定	課題整理/分析(ビジネス/IT)	ソリューション設計(構造/パターン)	コンポーネント設計(システム/業務)	ソリューション構築(開発/構築)	ソリューション運用(システム/業務)	ソリューション保守(システム/業務)
セールス	目標/ビジョンの確認	ビジネス戦略の確認	ビジネス課題ソリューション提案					
コンサルタント	目標/ビジョンの提言	ビジネス策定の助言	ソリューション策定のための助言	ソリューションの設計				
ITアーキテクト			ソリューションの枠組み策定	ソリューションの設計	コンポーネントアーキテクチャ	コンポーネントの構築	ソリューションの構築	
プロジェクトマネジメント			プロジェクト基本計画の策定	プロジェクトの管理/統制	プロジェクトの管理/統制	プロジェクトの管理/統制	プロジェクトの管理/統制	プロジェクトの管理/統制
ITスペシャリスト				システム構築計画の策定	システムコンポーネントの設計	システムコンポーネントの導入構築	システムコンポーネントの運用支援	システムコンポーネントの保守
アプリケーションスペシャリスト				アプリケーション開発計画の策定	アプリケーションコンポーネントの設計	アプリケーションコンポーネントの開発	アプリケーションコンポーネントの運用支援	アプリケーションコンポーネントの保守
カスタマサービス					導入計画の策定	ハードウェア・ソフトウェアの導入	ハードウェア・ソフトウェアの保守	ハードウェア・ソフトウェアの保守
ITサービスマネジメント						運用計画の策定/運用管理の策定	システムの運用と管理	システムの運用と管理

■ 主たる活動局面　□ 従たる活動局面

KEYWORD

1行でわかる 4章の重要キーワード

- **プロジェクトマネージャー（PM）** … 情報システムの開発責任者であり、開発プロジェクトを管理する
- **プロダクトマネージャー（PM）** …… 自社ソフトウェアの開発責任者であり、開発プロジェクトを管理する
- **SE（システムエンジニア）** ………… PMの下で、システム開発の上流工程と外注管理を担うITエンジニア
- **プログラマ** …………………………… システムあるいはプログラムの設計と開発を担うITエンジニア
- **ITコンサルタント** …………………… ITによる経営・業務改革を提案し、実行を支援するITエンジニア
- **インフラエンジニア** ………………… サーバやネットワークなどの構築を支援・実行するITエンジニア
- **ITスペシャリスト** …………………… IT技術を研究して、現場にフィードバックするITエンジニア
- **コーディング試験** …………………… 課題を解決するプログラムが書けるかを問うエンジニア向け試験
- **システム設計試験** …………………… 課題を解決するシステムを設計できるかを問うエンジニア向け試験
- **オンサイト面接** ……………………… 現地での対面による面接試験。最終面接であることが多い
- **ストックオプション**………………… 将来における、一定額での株の購入権を与えるインセンティブ制度
- **情報処理推進機構（IPA）** ………… 日本のITの発展を目的とする独立行政法人。経済産業省の外郭団体
- **情報処理技術者試験**………………… ITエンジニアとして一定以上の水準であることを認定する国家試験
- **情報セキュリティマネジメント**……… 情報セキュリティマネジメントの基本スキルを認定する国家試験
- **ITパスポート** ………………………… ITに関する基礎知識を証明する、入門レベルの国家資格
- **情報処理安全確保支援士**…………… サイバーセキュリティの知識やスキルを認定する国家試験
- **ITスキル標準（ITSS）** ……………… IT人材に求められるスキルやキャリアを示した指標
- **キャリアフレームワーク** ………… 職種ごとに求められるスキルとキャリアを分類し、整理した体系

技術編

Chapter 5

ITとシステム開発の基本

01　情報システムの基本構造はどのように分類できますか？
02　オープンシステムはどのように構築されますか？
03　Webシステムはどのように構築されますか？
04　コンピュータの基本構造はどのようになっていますか？
05　プログラムはどのように命令するのですか？
06　ネットワークではどのようにデータが伝えられますか？
07　情報システムではどのようにデータを管理していますか？
08　ソフトウェアエンジニアリングは何のために使われますか？
09　プロジェクトマネジメントは何のために使われますか？
10　CMMIは何のために使われますか？

技術編

01 情報システムの基本構造はどのように分類できますか？

レガシー、オープン、クラウドと進化してきました。

何が違うのですか。

階層構造が異なります。

レガシー、オープン、クラウドに分類できます。

　情報システムは一般に、システムの基本構造によって、メインフレームの下にダム端末がつながるレガシーシステム、PCサーバを中心にPCがつながるオープンシステム、クラウドサービスを利用するクラウドシステムに分類できます。それぞれ、レガシーシステムはOSの登場などによってハードとソフトが分離された1960年代、オープンシステムは規格の標準化によってハードとソフトの自由な組み合わせが可能になった1990年代、クラウドシステムは仮想化技術の活用によってITリソースの調達が柔軟になった2010年代に登場しています。

情報システムは、3〜5程度の階層構造を取っています。

　レガシーシステムでは、ハードウェアやネットワークといったインフラ上にハードウェアがあり、その上に基本ソフトが載り、基本ソフト上でアプロケーションが動作する4層構造です。それに対して、オープンシステムは、インフラの上に基本ソフトとミドルウェアが載り、ミドルウェア上で業務ソフトやパッケージソフトなどのアプリケーションが動く5層構造を取っています。そして、クラウドシステム（IaaS）は、インフラや基本ソフトなどを提供するクラウドサービス上でミドルウェアやアプリケーションが動く、仮想的な3層構造です。

レガシーシステムの基本構造（1960年代）

アプリケーション	業務アプリケーション
基本ソフト	OS
ハードウェア	メインフレーム、磁気テープ
インフラ設備	電源設備、ネットワーク

3階層
↓
4階層

オープンシステムの基本構造（1990年代）

アプリケーション	業務アプリケーション、パッケージソフトなど
ミドルウェア	データベース、アプリケーションサーバなど
基本ソフト	OSなど
ハードウェア	PCサーバ、ストレージなど
インフラ設備	データセンター、ネットワーク

4階層
↓
5階層

クラウドシステムの基本構造（2010年代）

アプリケーション	業務アプリケーション、パッケージソフトなど
ミドルウェア	データベース、アプリケーションサーバなど

クラウドサービス

基本ソフト	仮想OSなど
ハードウェア	仮想サーバ、仮想ストレージなど
インフラ設備	クラウドサービスセンター

5階層
↓
仮想的な3階層

技術編　ITとシステム開発の基本

技術編

02 オープンシステムはどのように構築されますか？

データ処理のやり方によって3通りの方法があります。

どれを採用するかはどのように決まりますか。

システムの規模や用途などで変わってくるよ。

スタンドアロン型、C/S型、Webシステム型で構築されます。

現在、多くのオープンシステムは、スタンドアロン型、クライアント/サーバ（C/S）型、Webシステム型のいずれかで構築されます。スタンドアロン型では、すべてのデータ処理がデータベースとアプリケーションの入った1台のマシン上で行われます。C/S型では、データベースはサーバにアプリケーションはサーバとクライアントに置かれ、データ処理も分担して行われます。そしてWebシステム型では、データベースもアプリケーションもサーバに置かれ、クライアントではブラウザ上にデータ処理の結果を表示します。

いずれを採用するかは規模や用途などで変わります。

スタンドアロン型、C/S型、Webシステム型のいずれの形態を採用するかはシステムの規模や用途などによって変わってきます。一般に、ネットワークから切り離されているスタンドアロン型はデータの機密性が高く、セキュリティが求められるシステムに採用されます。一方、C/S型はデータがサーバに集約されるためデータの一元管理が楽です。Webシステム型ではインターネットを介して標準データがやり取りされ、データ処理の結果がブラウザ上に表示されるため、場所、機種、OS、端末の異なる環境下での接続が容易です。

スタンドアロン型

用途:機密性の高いシステム

特徴:ネットワークから切り離されている

利点:データのセキュリティ

クライアント/サーバ（C/S）型

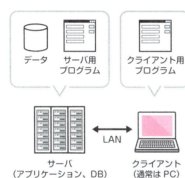

用途:内部向けシステム

特徴:LANなど、組織のネットワークにつながっている

利点:データの一元管理

Webシステム型

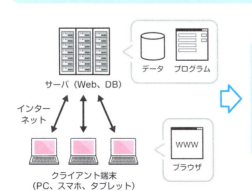

用途:外部・内部向けシステム

特徴:インターネットとブラウザを通じてつながる

利点:多様な端末で利用可能

技術編

03 Webシステムはどのように構築されますか？

用途ごとにサーバを階層化して構築します。

なぜ、そのようにするのですか。

システムの変更や拡張に対応するためです。

用途やアプリケーションごとにサーバを階層化します。

　Webシステムは基本的に、複雑な業務処理をより小さな単位に分割して複数のコンピュータで実行し、その結果を組み合わせることで複雑な処理を実行するように設計することが求められます。そのため多くのWebシステムは、用途やアプリケーションごとにサーバを階層化することで構築されるようになってきました。すなわち、ユーザーとの入出力を担当するプレゼンテーション層、アプリケーションによる処理実行部分を担当するビジネスロジック層、データの保存部分を担当するデータストア層で構成される3階層モデルが主流となっています。

システムの変更や拡張などに柔軟に対応できます。

　Webシステムでは、プレゼンテーション層はPCやモバイル端末、ビジネスロジック層はアプリケーションサーバ、データストア層はデータベースサーバが担います。このような構成にすることで、データ処理の量に合わせて複数台のコンピュータを組み合わせて利用できるようになり、システムの変更や拡張などに柔軟に対応できるようになります。なお最近では、業務においてもモバイル端末が使われることが多くなってきたため、業務システムにおいても3階層モデルを採用するケースが増えています。

3階層モデルの基本構成

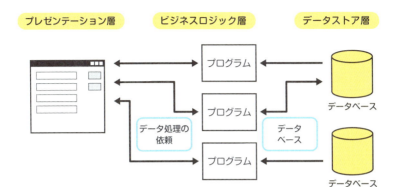

3階層モデルの構築例

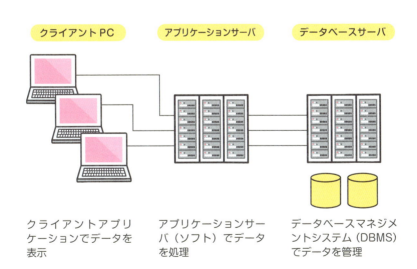

> 技術編

04 コンピュータの基本構造はどのようになっていますか？

入力、記憶、制御、演算、出力の装置で構成されるよ。

演算装置って、CPUのことですか。

CPUは実は、演算装置と制御装置を兼ねているんだ。

コンピュータは、5大装置で構成されています。

　コンピュータは、「入力装置」「記憶装置」「制御装置」「演算装置」「出力装置」という「5つのハードウェア＝5大装置」で構成されます。入力装置が人の操作内容やデータをコンピュータ内部に送り込み、記憶装置が送り込まれた使用するデータや命令を保存し、記憶装置内の命令を読み込んで制御装置が周辺機器を制御して演算装置がデータを計算し、出力装置が演算装置での処理結果を外部に出力します。なお、記憶装置は演算装置が直接読み書きする「主記憶装置」と、主記憶装置以外の「補助記憶装置」に分けられます。

制御装置と演算装置は、CPUとしてまとめられています。

　入力装置にはキーボードやマウス、タッチパネルやタブレット、マイクやカメラなど、主記憶装置にはメモリ（RAM）、補助記憶装置にはハードディスクやSSDやフラッシュメモリなど、出力装置にはディスプレイやプロジェクター、プリンタやVRゴーグル、スピーカーやイヤホンなどが該当します。そして、各装置に実行の命令を出す制御装置と、データの計算、計算値の大小などのデータを処理する演算装置は、LSI（大規模集積回路）としてCPU（中央演算処理装置）にまとめられています。

コンピュータの5大装置

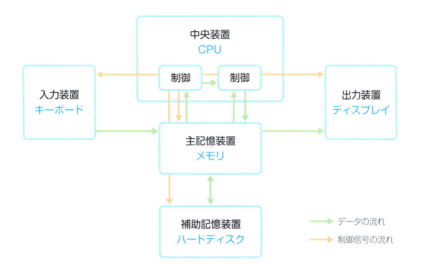

5大装置の機能と例

5大装置		機能	装置の例
入力装置		命令をコンピュータ内部に送り込む	キーボード、マウス、タッチパネル、タブレット、マイク、カメラなど
記憶装置	主記憶装置	演算装置で使用するデータを保存する	メモリ（RAM）
	補助記憶装置	使用するデータや命令を保存する	ハードディスク、SSD、フラッシュメモリ、CD-R など
制御装置		命令を読み込んで周辺機器を制御する	CPU
演算装置		データを読み込んで処理する	
出力装置		処理結果を外部に出力する	ディスプレイ、プロジェクター、プリンタ、VR ゴーグル、スピーカー、イヤホンなど

> 技術編

05 プログラムはどのように命令するのですか？

プログラムを通じて命令するよ。

コンピュータはプログラムを理解できるのですか。

いや、機械語に変換する必要があるんだ。

プログラムによって、コンピュータのCPUに命令します。

　<u>プログラム</u>（ソフトウェア）とは、コンピュータの「演算装置 + 制御装置 = CPU」を動かす、一種の命令文です。「命令 + データ」の形で書かれたプログラムは、CPUに命令を伝えて、データを計算して周辺装置を制御します。この際、コンピュータは数値（コード）の情報しか理解できないため、かつてハードウェアに対する命令文は「0と1で表現される電気信号＝<u>機械語</u>」で書かれていました。しかし、現在は、プログラミング言語で書かれた命令文を機械語に変換して伝えられるようになっています。

欠点を改善するため、プログラミング言語は開発されました。

　プログラミング言語は、「プログラミングの生産性が低い」という機械語の欠点を改善するために1940年代に開発されました。その後、用途に応じて様々な<u>プログラミング言語</u>が開発されてきましたが、どれもできることにそれほど大きな差はありません。書かれたプログラムは一括で（<u>コンパイラ型</u>）あるいは1行ずつ（<u>インタプリタ型</u>）機械語に変換され、処理が実行されます。なお現在のシステムでは、基本ソフトやミドルウェアが様々な機能を提供しているため、それらと活用して動作するプログラムを書くことになります。

プログラムと機械語（例）

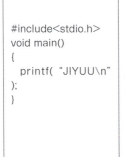

変換　→　C言語のプログラム　→　実行

CPU

アルゴリズムの考え方

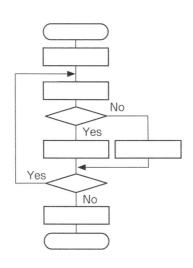

記号	名称および利用目的
（端子記号）	端子 ⇨ 始まりと終わり
（データ記号）	データ ⇨ データの入出力
（処理記号）	処理 ⇨ 転記や演算
（判断記号）	判断 ⇨ 処理の分岐
（ループ端記号）	ループ端 （上：始端・下：終端） ⇨ 処理の繰り返し

技術編　ITとシステム開発の基本

095

> 技術編

06 ネットワークではどのようにデータが伝えられますか？

ルールを設定することで、正しく伝えます。

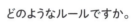
どのようなルールですか。

代表的なのは、プロトコルかな。

プロトコルが、データを運ぶときのルールを決めています。

　正しいデータを正しい場所に届けるため、ネットワークには様々なルールが設けられています。最も基本的なルールがプロトコルです。プロトコルは、「葉書を出すときは、この大きさの紙に郵便番号と宛名を書き、切手を貼ってポストに投函する」というように、あるデータを運ぶときのルールを決めています。ネットワーク上では、「どのような用途でどのようなプロトコルを使うのか」が決められています。なお、ネットワークを7階層に分けるOSI参照モデルには、層ごとの役割とそこで使われるプロトコルが整理されています。

IPアドレス、MACアドレス、ポート番号なども使われます。

　ネットワーク上でデータを正しく伝える上で使われるのは、プロトコルだけではありません。ネットワークに接続されたコンピュータにはIPアドレスという論理的なアドレスが振られ、ルータがIPアドレスごとにデータを振り分けます。また、ネットワーク上の機器にはMACアドレスという物理的なアドレスが割り振られ、これにより機器同士の通信が可能になります。さらにポート番号によって、どのアプリケーションに情報を送るのかが判別されます。こうしたルールがネットワーク上のデータ送信を可能にしているのです。

OSI参照モデルとプロトコル

層		各層の役割	プロトコル
第7層	アプリケーション層	アプリケーションの指定	http、DHCP、SMTP、FTP など
第6層	プレゼンテーション層	ファイル形式の指定	SMTP、SNMP、FTP など
第5層	セッション層	アプリケーションの指定	TLS、NetBIOS、NWLink など
第4層	トランスポート層	データ信頼性の確率	TCP、UDP など
第3層	ネットワーク層	転送ルートの指定	IP、ARP など
第2層	データリンク層	ビット列の変換 00101	PPP、イーサネット など
第1層	物理層	物理信号の変換 00101 00101	10BASE-T など

社内ネットワーク（LAN）の構築例

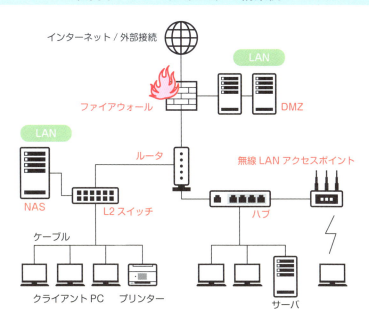

> 技術編

07 情報システムではどのようにデータを管理していますか？

 基本的に、データベースを使うことになります。

 どのような利点があるのですか。

 データの管理や利用が容易になります。

データベースによって、情報を一元管理しています。

　データベースとは、決められたデータ構造のデータの集まりであり、それらの情報を一元管理するためのソフトウェアです。データベースには、データ間のつながりを複数の表と表同士の関係性で表現する<u>リレーショナル型</u>、1つのノードの下につながる複数のノードで表現する<u>階層型</u>、複数のノード同士のつながりで表現する<u>ネットワーク型</u>の3種類があります。現在主流となっているのは、リレーショナル型の<u>リレーショナルデータベース（RDB）</u>です。また、階層型やネットワーク型のように、RDB以外のデータベースは<u>NoSQL</u>と呼ばれます。

RDBでは、正規化でデータの管理や利用を容易にします。

　RDBの設計では「データを正しく重複なくデータベースに記録する」必要があります。そこで求められるのが<u>正規化</u>です。正規化では、<u>データ型</u>（数値、文字列、文字数など）や重複値・未入力の可否などの属性を決めることで、データの管理や利用を容易にします。RDB内に蓄積されたデータの登録、検索、更新、削除操作は、<u>SQL言語</u>で行われます。なお実際の開発では、一からデータベースを構築することはなく、UI作成、データ重複防、データリカバリなどの機能を備えた商用<u>RDBマネジメントシステム（RDBMS）</u>を使用します。

データベースの種類

階層型
ツリー状のデータ構成

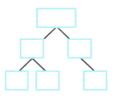

メリット
ルートが限定的であるため、処理速度が速い

デメリット
データ構成の柔軟性にかける

ネットワーク型
網状のデータ構成

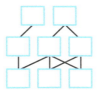

メリット
データの重複登録が避けられる

デメリット
処理速度がデータ構造に依存する

リレーショナル型
複数の表によるデータ構造

メリット
データの取り扱いが柔軟

デメリット
プログラムが複雑化しやすい

技術編 — ITとシステム開発の基本

データの属性と正規化

● 情報の属性

データ名	データ列	重複可否	入力必須
ツール名	文字列(20文字)	×	○
製造会社名	文字列(20文字)	○	○
URL	文字列(40文字)	○	×
価格	文字列(10文字)	○	×
リリース日	文字列(6文字)	○	○

● 正規化

ツール名	企業名	価格	検索キーワード
FreeMind	FreeMind org	0	発想法、マインドマップ
JUDE Proffesional	チェンジビジョン	39800	発想法、マインドマップ、UML

⬇ 第1正規化

ツール名	企業名	価格	検索キーワード
FreeMind	FreeMind org	0	発想法
FreeMind	FreeMind org	0	マインドマップ
JUDE Proffesional	チェンジビジョン	39800	発想法
JUDE Proffesional	チェンジビジョン	39800	マインドマップ
JUDE Proffesional	チェンジビジョン	39800	UML

技術編

08 ソフトウェアエンジニアリングは何のために使われますか？

 ソフトウェアを効率的に作成するためだね。

 たとえば、どのような理論があるのですか。

 開発方法論のウォーターフォールなどが代表例だよ。

効率的に作成・利用するための体系的理論です。

ソフトウェアエンジニアリングとは、高品質のソフトウェアを効率的に作成・利用するための体系的理論です。その理論・手法・ツールの活用により、「要件を漏れなく反映させる」「バグをなくす」「開発生産性を上げる」「運用管理を効率化する」ことが可能になります。欧米では、ソフトウェアエンジニアリングがITエンジニアの基礎知識と位置付けられており、大学の情報学科などで教えています。一方、日本では、大学や企業においてソフトウェアエンジリングが重視されてきませんでしたが、近年、変わりつつあります。

開発現場で最もよく遭遇するのが開発方法論です。

ソフトウエアエンジアリングの理論のうち、開発現場で最もよく遭遇するのが開発方法論です。現在、よく使われている開発方法論には、最初に立てた計画通りにシステム全体を一気に構築するウォーターフォール、サブシステムごとに1つずつ構築しながら随時仕様を変更するスパイラル、少数精鋭チームが短い期間での開発（イテレーション）を繰り返しながら構築するアジャイルの3つがあります。プロジェクトマネージャーは、開発対象やプロジェクトの特性などに応じて、いずれかの開発方法論でシステムを開発します。

ウォーターフォール型の開発プロセス

要件定義 ▶ 基本設計 ▶ 詳細設計 ▶ プログラミング ▶ 単体テスト ▶ 結合テスト ▶ システムテスト ▶ 受入れテスト ▶ システム導入

技術編 ―ITとシステム開発の基本

スパイラル型の開発プロセス

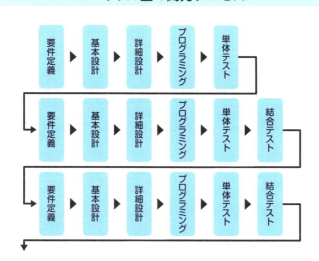

アジャイル型の開発プロセス

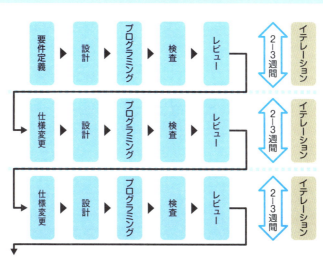

技術編

09 プロジェクトマネジメントは何のために使われますか？

マネジメント視点でシステム開発を管理します。

具体的に何を管理するんですか。

品質、予算、期日だよ。

マネジメント的な視点から開発を管理する方法論です。

システムを開発・運用するITベンダー、システムを事業に活用するユーザー企業の双方にとって、「要件を満たしバグのない情報システムを開発する」「システム開発の生産性を上げる」「運用管理を効率化する」ことと同様に重要なのが、求められる品質（Q）のシステムを予定通りの予算（C）と期日（D）に完成することです。このようなマネジメント的な視点からシステム開発を管理するための方法論が、プロジェクトマネジメント（PM）です。PMは、プロジェクトを成功に導くための方法論なのです。

PMBOKガイドはプロジェクトマネジメントの知識体系です。

プロジェクトマネジメント知識体系ガイド（PMBOKガイド）とは、米国のプロジェクトマネジメント協会（PMI）が定めたプロジェクトマネジメントの知識体系です。PMBOKガイドでは、プロジェクトのQCDを管理するため、スコープ、タイム、コスト、品質、人的資源、コミュニケーション、リスク、調達、統合という9つの知識エリア、立上げ、計画、実行、コントロール、終結というプロセスマップをフレームワークとして提供しています。これらの標準的な知識・手法・方法論などを利用して、プロジェクトを成功に導きます。

PMBOKのプロセスマップと9つの知識エリア

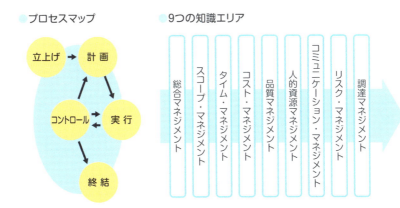

●プロセスマップ： 立上げ → 計画 → 実行 → コントロール → 終結

●9つの知識エリア：総合マネジメント／スコープ・マネジメント／タイム・マネジメント／コスト・マネジメント／品質マネジメント／人的資源マネジメント／コミュニケーション・マネジメント／リスク・マネジメント／調達マネジメント

技術編 — ITとシステム開発の基本

PMBOKの知識エリアと体系

バイト：出力／ツールと実践技法／入力

知識エリア	プロセス Initiating（立上げ）	Planning（計画）	Executing（実行）	Controling（管理）	Closing（終結）
Intergration Management（総合管理）		・プロジェクト計画の策定	・プロジェクト計画の実行	・変更管理の統合	
Scope Management（スコープ管理）	・プロジェクトの立上げ	・スコープ計画 ・スコープ定義		・成果物の検収 ・スコープ変更管理	
Time Management（スケジュール管理）		・作業の定義 ・作業順序の設定 ・所要時間の見積もり ・スケジュール作成		・スケジュール管理	
Cost Management（コスト管理）		・資源計画 ・コスト見積 ・予算設定		・コスト管理	
IQuality Management（品質管理）		・品質計画	・品質保障	・品質管理	
Human Resource Management（組織・要員管理）		・組織計画 ・要員の調達／確保	・チーム結成／育成		
Communication Management（コミュニケーション管理）		・コミュニケーション計画	・情報の配布	・進捗管理	・プロジェクト完了手続き
Risk Management（リスク管理）		・リスク管理計画 ・リスクの定義 ・リスクの定性化 ・リスクの定量化 ・リスク対策の計画		・リスクの監視／管理	
Procurement Management（外注管理）		・調達計画 ・引合計画	・引合 ・発注先選択 ・契約管理		・契約の完了

技術編

10 CMMIは何のために使われますか？

開発組織のレベルがわかります。

つまり、どういうことですか。

CMMIを利用して、組織を改善できます。

CMMIは、ソフトウェア開発組織のプロセス改善指標です。

CMMIとは、ソフトウェア開発組織のプロセス改善指標です。IT調達プロセスに問題を抱えていた米国国防省がカーネギーメロン大学のソフトウェア工学研究所に依頼したことから、CMMIが開発されました。ISOのIT版とも言うべきCMMIでは、ソフトウェア開発に従事する組織において、開発の進捗や成果がどの程度文書化され、眼に見える形で管理されているかを、CMMI1～CMMI5の5段階で評価します。現在、日本においても、品質管理としてCMMIに準拠したプロセスを採用する企業が増えています。

CMMIの段階で、開発組織のレベルがわかります。

CMMI1は事実上何も管理していないレベル、CMMI2は管理されたレベル、CMMI3は定義されたレベル、CMMI4は定量的に管理されたレベル、CMMI5は最適化されているレベルと定められています。レベル3以上であれば一定品質のソフトウェアを開発する期間とコストを正確に見積り可能な組織、レベル4以上であれば定量的な評価基準が導入されている組織です。近年、オフショア開発を受託する企業がCMMIレベル3以上の認定を受けるケースが増えており、CMMI5（最高位）を取得する企業も現れています。

CMMIの5つのレベル

成熟度レベル	成熟度レベルの内容	必要なプロセス
レベル5 最適化しているレベル	このレベルではプロセス実績を継続的に改善することに焦点をあてます。また必要なプロセスが確立されている必要があります	組織改革と展開、原因分析と解決
レベル4 定量的に管理されたレベル	このレベルでは、組織は統計的技法およびその他の定量的技法を使用して制御されており、定量的な予測が可能です。また必要なプロセスが確立されている必要があります	組織プロセス実績、定量的プロジェクト管理
レベル3 定義されたレベル	このレベルでは、組織は標準プロセスの集合をテーラリングしたプロセスに従って管理されています。また必要なプロセスが確立されている必要があります	要件開発、技術解、成果物統合、検証、妥当性確認、組織プロセス重視、組織プロセス定義、組織トレーニング、統合プロジェクト管理、リスク管理、統合チーム編成、統合供給者管理、決定分析と解決、統合のための組織環境
レベル2 管理されたレベル	このレベルでは組織はプロジェクト管理がされています。要件が管理され、かつプロセスが計画／実施／測定／制御されています。また必要なプロセスが確立されている必要があります	要件管理、プロジェクト計画策定、プロジェクトの監視と制御、供給者合意管理、測定と分析、プロセスと成果物の品質保証、構成管理
レベル1 初期レベル	このレベルではプロセスは場当たり的で無秩序です。従ってプロセスは確立されていません	

CMMIに対応したチェック対象プロセス

領域	プロジェクトマネジメント	エンジニアリング	サポート	プロセス管理
レベル5			原因分析と解決	組織実績管理
レベル4	定期的プロジェクト管理			組織プロセス実績
レベル3	統合プロジェクト管理 リスク管理 統合チーム編成 統合サプライヤ管理	要件開発 技術ソリューション 成果物統合 検証 妥当性確認	決定分析と解決 統合のための組織環境	組織プロセス重視 組織プロセス定義 組織トレーニング
レベル2	プロジェクト計画策定 要件管理 サプライヤ合意管理 プロジェクトの監視と制御		構成管理 測定と分析 プロセスと成果物の品質保証	
レベル1				

KEYWORD

1行でわかる 5章の重要キーワード

- レガシーシステム ………………… 1960年代に登場したメインフレームにダム端末がつながるシステム
- オープンシステム ………………… 1990年代に登場したPCサーバにPCなどがつながるシステム
- Webシステム ……………………… 2000年代に登場したWebサーバ搭載のPCサーバにつながるシステム
- クラウドシステム ………………… 2010年代に登場したクラウドサービスを利用したシステム
- スタンドアロン型 ………………… すべてのデータ処理が1台のハードウェア上で実施されるシステム
- クライアント/サーバ (C/S) 型 …… サーバに置かれたデータをサーバとクライアントで処理するシステム
- Webシステム型 …………………… サーバでのデータ処理をネット経由でブラウザ表示するシステム
- プレゼンテーション層 …………… 3階層モデルにおいてユーザとの入出力を担当する階層 (サーバ)
- ビジネスロジック層 ……………… 3階層モデルでアプリケーションによる処理を担当する階層 (サーバ)
- データストア層 …………………… 3階層モデルにおいてデータの保存を担当する階層 (サーバ)
- 3階層モデル ……………………… Webシステムにおいてよく見られる3層構造のシステム設計
- 入力装置 …………………………… コンピュータにおいて、人の操作内容やデータを送り込む装置
- 記憶装置 …………………………… コンピュータにおいて、使用データや命令を保存する装置
- 制御装置 …………………………… コンピュータにおいて、命令を読み込んで周辺機器を制御する装置
- 演算装置 …………………………… コンピュータにおいて、命令に基づいてデータを計算する装置
- 出力装置 …………………………… コンピュータにおいて、計算処理の結果を周辺機器に出力する装置
- 主記憶装置 ………………………… 演算装置が直接読み書きする記憶装置。メモリ (RAM) が該当する
- 補助記憶装置 ……………………… 主記憶装置以外の記憶装置。HD、SSD、フラッシュメモリが該当
- プログラム ………………………… コンピュータの演算装置と制御装置を動かす、一種の命令文
- 機械語 ……………………………… 0と1で表現される電気信号によるコンピュータのプログラム
- コンパイラ型 ……………………… プログラムを一括で機械語に変換するタイプのプログラミング言語
- インタプリタ型 …………………… プログラムを一行ずつ機械語に変換するプログラミング言語
- プロトコル ………………………… ネットワークで正しいデータを正しく届けるための基本ルール
- OSI参照モデル …………………… ネットワークの動作原理を7階層に分けて役割を説明したモデル
- IPアドレス ………………………… ネットワークに接続されたコンピュータに振られた論理アドレス

業務編

Chapter 6

システムの提案と要件定義

- 01 IT戦略の立案では何をやるのですか？
- 02 システム化企画では何をやるのですか？
- 03 ユーザー企業はどのようにIT投資を決めているのですか？
- 04 システムの提案はどのように行われるのですか？
- 05 RFPは何のために作成するのですか？
- 06 システム開発の見積りではどのような手法を使いますか？
- 07 見積りの難易度がなぜ上がっているのですか？
- 08 システム開発の契約はどのように結びますか？
- 09 システムの要件定義では何をやるのですか？
- 10 要件定義ではどのようなツールを使いますか？

業務編

01 IT戦略の立案では何をやるのですか？

経営でITを利用する中長期的な方針・計画・戦略を立てます。

何をやるのですか。

IT基盤の理想と現実を比較します。

ITを経営戦略として利用するための方針・計画・戦略です。

IT戦略とは、ITを企業の経営戦略の一部として利用するための中長期的な方針・計画・戦略です。現在、多くの企業において業務がシステム化され、ITと経営を統合して考える必要性が高まってきたため、IT戦略の立案が重要になってきました。そもそもユーザー企業は、「経営戦略の実現に向けてどのようにIT化を進めればいいかわからない」「導入するべきIT技術がわからない」などの課題を抱えています。ITコンサルやITベンダーには、ユーザー企業の課題解決を支援する役割が求められています。

策定ではAs-IsとTo-Beのアプローチが使われます。

IT戦略の策定では、IT戦略の実現に必要な予算やリソースを確保したり、IT戦略を実現するシステムを導入した際の効果を見積ったり、システム化する業務の優先順位付けをしたりすることも求められます。IT戦略の策定にあたってよく使われるのが、扱っているデータ、データの処理方法、利用しているIT基盤について、現状（As-Is）と理想（To-Be）を比較するアプローチです。経営戦略を実現する上で理想的なITのあり方を定義し、現状のITとのギャップを埋めるためにやるべきことを理解するのです。

業務編　システムの提案と要件定義

IT戦略立案のプロセス

経営戦略の策定 → IT戦略（システム方向性）の策定 → システム化計画の策定 → IT資源の調達 → ITシステムの導入 → ITサービスの活用 → モニタリング → コントロール

IT戦略策定のアプローチ

現状モデル	IT戦略	理想モデル
現状の業務プロセス		あるべき業務プロセス
現状のデータ		あるべきデータ
現状のデータ処理		あるべきデータ処理
現状のIT技術基盤		あるべきIT技術基盤

109

> 業務編

02 システム化企画では何をやるのですか？

IT戦略を実現するためのシステムを策定します。

具体的には何をするんですか。

ここでも、理想と現実を比較するんだ。

IT戦略を実現するためのシステムを策定するプロセスです。

システム化企画とは、IT戦略を実現するためのシステムを策定するプロセスです。システム化企画では、業務効率化や業務課題解決を図る上で、どのような業務をどのようにシステム化するべきかを考えます。その上で、システム開発の期間や費用、システムによって目指すべき業務品質、システム導入に伴うリスク、必要となる開発体制などを見積り、全体的な方針を関係者間で合意します。システム化企画の業務は通常、ITコンサルやITベンダーの支援の下、ユーザー企業主導で実施することになります。

理想的な業務プロセス(To-Be)を見つけます。

システム化企画では、現行の業務プロセス（As-Is）を見える化し、分析することで、経営課題や業務課題を抽出し、理想的な業務プロセス（To-Be）を見つけます。業務プロセスの見える化では通常、業務流れ図などを使って、業務フロー全体を俯瞰し、まとめられる業務、省ける業務、新たに追加する業務を洗い出し、それぞれについて業務プロセスの課題をまとめます。その上で、新しい業務プロセスを支援するシステムの要件を明確にするのです。なお、こうしたアプローチは個別最適している組織を全体最適化する際に有効です。

業務編 システムの提案と要件定義

システム化企画のプロセス

業務プロセスの見える化

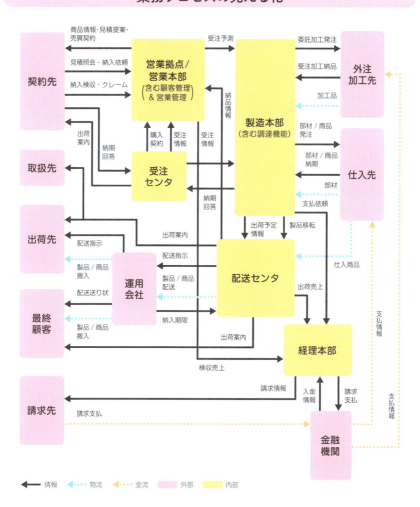

業務編

03 ユーザー企業はどのように IT投資を決めているのですか？

 コスト削減と利益拡大を目的とすることが多いね。

ほかには。

 情報共有や従業員満足度向上などだよ。

ROIの考え方を重視するようになってきました。

会計学の世界において、「企業の投資した資本がどの程度の利益を生んでいるか」を測る指標はリターン・オン・インベストメント（ROI）と呼ばれます。近年、IT投資においても、ユーザー企業はROIの考え方を重視するようになってきました。すなわち「削減可能なコストと拡大した利益」を「システムの開発・運用費」で割ることで投資対効果を測るのです。ROI以外にも、「回収期間法（Payback法）」「DCF（Discounted Cash Flow）法」「IRR（Internal Rate of Return）法」などがIT投資の評価手法として使われています。

単にIT投資しても効果を生まないことに気付きました。

ROIを重視するようになった背景には、ユーザー企業が単にIT投資しても効果を生まないことに気付いてきたことがあります。現在、ユーザー企業がIT投資する目標は、「業務の効率化」「売上・利益の向上」「情報管理・共有の促進」「従業員満足度の向上」など様々です。ITベンダーには、目標に応じてKPI（重要業績評価指標）を設定し、KPIを達成できるシステムを導入する役割が求められます。なお、日本情報システム・ユーザー協会によれば、21年度の日本企業の売上高IT投資比率は11.5％でした。

ROIによるIT投資の考え方

$$\text{ROI} = \frac{\text{経費節減コスト or ビジネス拡大利益}}{\text{システム構築費 or 運用・管理費}}$$

IT投資の評価手法の代表例

方法	活用状況、特徴 等
① ROI 法 ：Return On Investment（投資利益率） ＝投資から得られる利益額 ／IT 投資額	○アメリカでは割合多く使われている。
② Payback（回収期間）法 ：回収期間 ＝ IT 投資の現金流出額 ／当該投資から得られる年々の現金 流入額	○キャッシュフローの現在価値（DCF）は考慮されていない。 ○簡単でわかりやすいこともあり、国内での採用は多い。
③ DCF（Discounted Cash Flow）法 ③-1. NPV 法 ：Net Present Value（正味現在価値） ＝ 年々の現金流入額の現在価値 　　― IT 投資の現金流出額 ＝年々の現金流入額×年金現価率 　　― IT 投資の現金流出額	○キャッシュフローの現在価値が考慮されており、理論的に優れている。 ○資本コスト（割引率）をどう設定するかが難しい。 ○国内では少ないが、アメリカでの採用は多い。
③-2. IRR 法 ：Internal Rate of Return（内部利益率） ：年金現価率＝ IT 投資の現金流出額 ／投資から得られる年々の現金流入額 →年金現価表から内部利益率	○率であり絶対値ではない。

出典：「IT 投資の評価手法の研究」（日本情報システム・ユーザー協会）

IT投資と売上との比較

売上高	＜企業規模＞ 100億円未満	←　中小 100億円以上 500億円未満	500億円以上 1000億円未満	大　→ 1000億円以上 5000億円未満	5000億円以上	全体平均
定常費用 100 に対する戦略投資の指数	300	110	80	85	55	140
＜参考＞売上高に対する IT 予算の割合	8.5 %	1.7 %	0.9 %	1.2 %	1.1 %	2.9 %

＊．458 社のデータ。
＊．IT 投資：ここでは人件費を除いたもの。定常費用と戦略投資の2つに区分。
　　定常費用：既存システムの維持や若干の機能拡張などにかかる費用。
　　戦略投資：新規システム構築や大規模なリプレースなどにかかる費用。

出典：「IT 投資の評価手法の研究」（日本情報システム・ユーザー協会）

業務編

04 システムの提案はどのように行われるのですか？

業務課題を解決するシステムを売り込むんだ。

そのために必要なことは？

ユーザー企業のシステム化要件の把握だよ。

企業内の業務課題を解決するシステムを売り込みます。

　システムの提案では、付き合いのあるユーザー企業に営業が売り込むこともあれば、ユーザー企業の情報システム部門の担当者からの引き合いで提案することもあります。いずれの場合も、ITベンダーが売り込むのは、ユーザー企業内の何らかの業務課題を解決するシステムです。また前者の場合には、新技術の導入や競合他社へのキャッチアップなどを売り込み、後者の場合にはいくつかの会社でコンペ（コンペティション）になることが多いようです。コンペでは、ユーザー企業が複数のITベンダーの提案を比較検討し、発注先を選定することになります。

情報シス担当者にシステム化要件をヒアリングします。

　システムの提案にあたっては、営業とSEがオリエンテーション（説明会）などで情報システム部門の担当者にシステム化要件をヒアリングし、「システム化の優先順位」や「かけられる予算」などを探り、システム提案の目的、導入システムの概要、開発プロジェクトの進め方、開発・運用費などの見積りとリスクなどをシステム提案書にまとめて提案します。その際には、「業務の現状と問題点」を明示した上で、提案する情報システムが「業務課題の解決に役立つ」「企業経営上の価値を生み出す」と訴えることが重要になります。

システム提案のプロセス

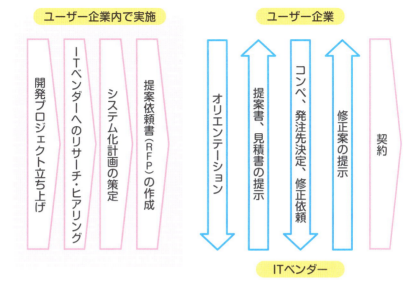

システム提案書の記述項目

項目	内容
システム提案の目的	・業務の現状と問題点 ・システム化対象となる業務の範囲・領域 ・システム導入後の業務フロー ・システム導入の効果（定性的・定量的）
導入システムの概要	・導入システムの構成 ・システムに利用するパッケージ・ITサービス・ハードウェア・インフラの概要 ・システムが提供するサービス・メニュー ・システムの性能・品質要件
開発プロジェクトの進め方	・開発プロジェクトのスケジュール ・開発プロジェクトの体制（ユーザー企業、ベンダー企業） ・システム開発の作業場所 ・システム開発の納品物 ・システム開発の前提条件（導入の課題）
コストとリスクの見積もり	・開発コストの見積もり ・利用するソフトウェア・ハードウェア・ITサービス・インフラの見積もり ・費用発生スケジュール ・リスクの見積もり

> 業務編

05 RFPは何のために作成するのですか？

ITベンダーに要件をきちんと伝えるためだよ。

どこでもらえるんですか。

通常は、オリエンの場かな。

要件の抜け漏れや未通達などを避けるためです。

かつて、ユーザー企業が口頭で説明した内容をITベンダーが仕様に落とし、ユーザー企業による確認の後、システム開発のプロジェクトが開始されることも少なくありませんでした。しかし近年、様々な業務に情報システムが導入され、業務やシステムの複雑性が増したことにより、こうしたアプローチでは要件の抜け漏れが発生したり、要件がきちんと伝わらなかったりすることが多くなり、システム納品後のトラブルにつながっていました。こうした問題を解決するために、導入されたのが、ユーザー企業によるシステム提案依頼書（RFP）です。

RFPの作成にあたっては、関係者にヒアリングします。

RFPは通常、ユーザー企業の情報システム部門の担当者が業務担当者や部門の責任者、あるいは経営層などにヒアリングして作成します。ヒアリングするのは、システムの概要と目的、必要な機能、保証要件、予算、納期、契約事項、評価プロセスと評価基準、調達方針、利用環境など様々です。オリエンなどでRFPを提示することにより、ITベンダーの思い違いなどを防ぎつつ、コンペを円滑に進めることが可能になります。なお、RFPには通常、仕様書や業務フロー図、成果物一覧や体制図など、提案時に提出する書類なども明記します。

開発委託用のRFPの記載項目（例）

システム概要	システム化の背景、システム化の目的／方針、解決したい課題、狙いとする効果、現行システムとの関連、会社・組織概要、新システムの利用者、予算
提案依頼事項	提案の範囲、調達内容・業務の詳細、システム構成、品質・性能条件、運用条件、納期・スケジュール、納品条件、定例報告・共同レビュー、開発推進体制、開発管理・開発手法・開発言語、移行方法、教育訓練、保守条件、グリーン調達、費用見積もり、貴社情報
提案手続き	提案手続き・スケジュール、提案依頼書に対する対応窓口、提供資料、参加資格条件、選定方法
開発に関する条件	開発期間、作業場所、開発用コンピュータ機器・使用材料の負担、貸与物件・資料
保証要件	システム品質保証基準、セキュリティ
契約事項	発注形態、検収、支払い条件、保証年数（瑕疵担保責任期間）、機密事項、著作権など、その他
添付資料	要求機能一覧、DFD、情報モデル、現行ファイルボリューム、現行ファイルレイアウト

出典：ITコーディネーター協会資料より一部改変

運用委託用のRFPの記載項目（例）

運用業務委託目的	システム運用業務を委託する目的
運用業務委託範囲と内容	委託するシステム範囲、委託する業務、委託する業務内容と役割分担、委託する機器内容
運用サービス要件	日常オペレーション、障害対応、システムソフトウェア／ハードウェア／ネットワーク導入・維持・保守、運用管理、クライアント対応、セキュリティ、施設・設備、サービス開始時期、貸与物件・資料、保証要件、機密保持、費用／契約事項、その他
提案依頼事項	サービス内容、サービスレベル保証、セキュリティ、引継ぎ／移行、運用体制・要員、教育訓練、コミュニケーション、費用・契約、貴社情報
提案手続き	提案手続き・スケジュール、提案依頼書に対する対応窓口、提供資料、参加資格条件、選定方法
添付資料	新システムの導入目的と概要、システム運用の現状、システム運用リスク管理方針、ハードウェア構成、システムソフトウェア構成、ネットワーク構成

出典：ITコーディネーター協会資料より一部改変

業務編

06 システム開発の見積りではどのような手法を使いますか？

システム特性に応じて、色々な手法を使い分けるね。

特に有名な手法は。

ファンクションポイント法かな。

見積り提出後は、追加費用の請求は難しくなっています。

　システムの提案にあたり、ITベンダーはシステム開発・運用の費用などを見積り、ユーザー企業に提示しなくてはなりません。見積りの対象となる作業は、「要件定義」「設計」「UIデザイン」「開発」「導入・導入支援」「保守」などであり、ハードウェアなどの購入費、メンバーの旅費・交通費も別途請求します。近年は、見積り提出後に判明した作業のために余分にかかった費用を追加請求することは、特別の事情がない限り難しくなっています。そのため、ITベンダーにとって、見積りの精度向上は以前にも増して重要になりました。

システム特性などに応じて様々な手法を使い分けています。

　現在、多くのITベンダーは、開発するシステムの特性などに応じて様々な見積り手法を使い分けています。主な見積り手法には、過去の類似プロジェクトの実績値に基づいて見積る類推見積り、プロジェクトの構成要素を開発するために必要な工数などから見積るボトムアップ見積り（積み上げ法）、システムの機能や画面の数に係数を乗じて見積る係数モデル見積り（パラメトリック法）の3つです。係数モデル見積りでは、ファンクションポイント（FP）法やCOCOMOを利用するITベンダーが増え ているようです。

見積りの基本的な考え方

要件の洗い出し → 規模の見積り → 工数の見積り → 工期の見積り → コストの見積り

代表的な見積り法

分類	概要	手法の例	前提条件	精度
類推見積り（類推法）	過去の類似プロジェクトの実績値に基づいて、コストを見積る	類推法、デルファイ法	実績データベース	低
ボトムアップ見積り（積み上げ法）	プロジェクトの成果物の構成要素を洗い出し、それぞれの開発に必要な工数などから、コストを見積る	WBS法、標準タスク法	構成要素に対する規模・工数の実績データ	中〜高
係数モデル見積り（パラメトリック法）	システムに必要な機能や画面の数などを数え上げ、それに係数を乗することで、コストを見積る	LOC法、FP法、COCOMO/COCOCO II、ユースケース・ポイント法	実績データベース、関係式の検証	中〜高

ファンクションポイント法の考え方

工数 ＝ α × 規模　　ただし、αは定数

① ソフトウェア内部の処理を、外部入力（EI）、外部出力（EO）、内部論理ファイル（ILF）、外部インターフェイスファイル（EIF）、外部照会（EQ）の5種類に分類する

⇒ ② レコード数やファイル数などから、機能ごとに「重み」付けをして個々の機能の評価値を決め、すべてを足し合わせた「未調整FP」を算出する

⇒ ③ 通信の有無やトランザクションの量などの14項目について5段階の評価を行って、「システム特性係数」（上下35％）を算出して未調整FPに掛け合わせ、「調整済みFP」を算出する

ファンクションタイプ	個数	重み付け係数
外部入力	○	▲
外部出力	□	□
外部照合	△	◎
内部論理ファイル	▲	◎
外部インターフェース	■	■

業務編

07 見積りの難易度がなぜ上がっているのですか？

組み合わせ要素が増えて、調整が難しいからです。

どのように対処すればいいのですか。

要件定義・設計と実装で分けて見積るといいよ。

組み合わせる要素が増えて、調整が難しいからです。

　システム開発・運用における見積りの重要性が高まる一方で、見積りの難易度は上がっています。理由は様々です。まず、アプリケーション、ミドルウェア、OS、ハードウェアなど、システム開発で組み合わせる要素が増えたため、設計の工数が格段に増え、「プログラムの行数 = 開発の工数」という単純な文法が通用しなくなりました。また、開発のツールやソフトウェアの部品などが充実して一から実装することが少なくなる一方で、単純に組み合わせてもうまくいかないので調整の工数が膨らんでいます。

要件定義・設計と実装で2段階に分けて見積ります。

　現実のシステム開発では、多くの場合、要件が固まるのは要件定義や概要設計の段階ですが、ユーザー企業は予算の関係で、契約段階で見積りを求めます。また、ユーザー企業が作成したRFPにすべての要件が漏れなく記載されていないケースも少なくありません。つまり見積りが確定できない状況で見積りを求められるため、実際の費用と見積り金額が乖離してしまうのです。そのため最近は、こうしたリスクを避けるために、要件定義・設計フェーズと実装フェーズの2段階に分けて見積りを出す会社が増えています。

2段階見積りの考え方

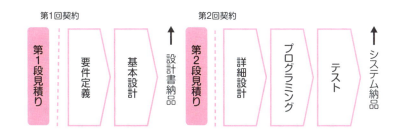

大手ITベンダーで使われている見積り手法

ベースとなる手法	企業名	見積り手法の名称	主な見積もりの対象
ファンクションポイント(FP)法	野村総合研究所	NESMA法	工数、期間
	TIS	TIS手法	規模、工数
	日立システムアンドサービス	日立システムアンドサービス手法	FP、工数
	日立製作所	日立製作所手法	FP、SLOC、工数、工期
	富士通	ファンクションスケール法	ファンクションスケール(FS)
COCOMO法	日本ユニシス	日本ユニシス手法	工数
独自モデル	日本IBM	日本IBM手法	工数
	ジャステック	ジャステック手法	工数、規模、生産性

出典:「ソフトウェア開発見積りガイドブック」(IPA)より一部改変、社内で当該手法のみを用いているわけではない

開発・運用フェーズと見積りの関係

フェーズ	利用する見積り	注意点
調査・企画	類推見積り、ボトムアップ見積り	規模、新規性、ビジネスコンサルティング的な要素があるかを考慮する必要がある
設計・開発	類推見積り、ボトムアップ見積り、係数モデル見積り	要求・要件の精度、規模・影響要因・リスク・価格の納得感の欠如などを考慮する必要がある
導入	類推見積り、ボトムアップ見積り	移行するデータの量、導入拠点の数などを考慮する必要がある
運用・管理	類推見積り、ボトムアップ見積り、係数モデル見積り	システムのライフサイクルコスト、運用における要求・要件の精度などを考慮する必要がある

業務編

08 システム開発の契約はどのように結びますか？

ユーザー企業とは、請負型契約が多いね。

ほかには、どんな契約があるのですか。

協力会社とは、準委託型契約が多いよ。

ユーザー企業とITベンダーでは請負型契約が多くなります。

　システム開発の契約は、ユーザー企業とITベンダーの間、ITベンダーと協力会社の間などで結ばれます。一般に前者では契約時の見積り金額に基づいて支払う請負型契約が多く、後者ではかかった時間数に対して支払う準委任型契約がほとんどです。しかしシステム開発のプロジェクトでは、しばしば仕様が変更されるために問題が起こります。すなわち、見積り金額以上の作業が発生して、赤字プロジェクトになってしまうのです。そのため最近では、作業実体に応じて準委任型契約と請負型契約を使い分けるケースも増えています。

経済産業省では、モデル取引・契約書を公表しています。

　経済産業省では、モデル取引・契約書を公表しています。モデル取引・契約書ではシステム開発の課題として、機能追加・セキュリティ対策・コンプライアンス対策などによるユーザー企業の仕様変更、協力会社・オフショア先・パッケージソフト・オープンソースソフトのトラブルにおけるITベンダーの責任範囲、ソフトウェアの著作権をユーザー企業が持つことによるITベンダーの開発生産性の阻害などを取り上げています。特に仕様変更については、何段階かに分けて契約を結ぶことが推奨されています。

ソフトウェア開発における契約の考え方

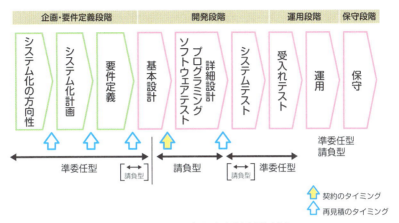

出典:「情報システム・モデル取引・契約書」経済産業省

情報システム・モデル契約書

ソフトウェア開発委託基本モデル契約書

主に大手ユーザー企業が情報システムを発注するにあたり、ITベンダーと結ぶモデル契約書（マルチベンダ携帯に対応、ハードウェア取引は対象外）

パッケージソフトウェア利用コンピュータシステム構築委託モデル契約書

中小のユーザー企業がパッケージソフトやSaaS/ASPを活用した情報システムを導入するにあたり、ITベンダーと結ぶモデル契約書

重要事項説明書

ITベンダーが「パッケージソフトウェア利用コンピュータシステム構築委託モデル契約書」を結ぶにあたって、ユーザー企業に対する説明し、同意を求める説明書

出典:「情報システム・モデル取引・契約書」経済産業省

> **業務編**

09 システムの要件定義では何をやるのですか？

システムの機能や性能を確定させます。

それは難しそうです。

要件があやふやなことも多いからね。

システムが実現するべき機能や性能を確定させます。

　要件定義とは、ユーザー企業のシステムに対する要望を調査・分析して、開発するシステムが実現するべき機能や性能を確定させる作業です。具体的には、ユーザー企業の経営者、情報システム担当者、業務担当者にシステム導入の目的・期間・予算を確認しながら、「システム化の目標を決める」「システム化要件候補を洗い出す」「システム化要件を絞る」「システム化要件に優先順位を付ける」という作業を行います。要件定義は、ユーザー企業のシステムに対する要望（要求定義）を見える化し、システムの要件に落とし込む作業なのです。

目標や要件がはっきりしないことも珍しくありません。

　実際の開発では、システム化の目標やシステム化要件がはっきりしていないことも珍しくありません。その場合、SEには、曖昧な要件を明確にする作業が求められます。また要件には、ユーザーの要求を満たすためにシステムが実現しなければならない機能要件と、システムが安定して稼動するために必要な性能や拡張性、可用性（システムが継続して稼働できる能力）、移行性（システムを容易に移行できる能力）、セキュリティなどの非機能要件が存在します。非機能要件については、主に情報システム部門と決めていくことになります。

要件定義で明確にすること

分類			概要
機能範囲			システム化する範囲とシステム化しない範囲の境界の明確化
機能要件			システムの要求される機能
非機能要件	品質要件		システムの要求される品質
	技術要件	ハードウェア	ソフトウェア開発に必要な機器、納品後の稼働環境に必要な機器、通信機器など
		ソフトウェア	ソフトウェア開発に必要なパッケージソフト、基本ソフト（OS）、ミドルウェア、開発ツールなど
	その他の要件		運用要件、操作要件、移行要件、付帯作業など

機能要件定義の成果物

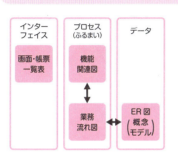

分類	成果物	目的
インターフェイス	画面・帳票一覧表	業務フローごとに必要となる画面・帳票と基本的なビジネスデータの所在を明確にする
プロセス	機能関連図	業務機能間の情報（データ）の流れを明確にする
	業務流れ図	業務を処理する組織・手段・手順を明確にする
データ	ER図（概念モデル）	システム全体で扱うデータを図で明確にする

非機能要件定義の成果物（例）

	分類	説明	内容
	品質要件	システムに対する品質に関する要件	● 機能性（相互運用性、セキュリティ、標準的合成など） ● 信頼性（障害特許性、回復性など） ● 使用性（理解性、習得性など） ● 効率性（時間効率、資源効率：レスポンスタイム、資源使用量など） ● 保守性（解析性、変更性など） ● 移植性（環境適応性など）
	技術要件	ソフトウェアの開発、維持管理、支援および実行のための技術・環境に関連した要件	● システム実現方法 ● システム構成 ● システム開発方式（言語など） ● 開発基準・標準 ● 開発環境
その他の要件	運用・操作要件	安定したシステム運用を行うための、検討対象のビジネス機能を実行するシステムについての運用要件と操作要件	● システム運用携帯 ● システム運用スケジュール ● 監視方法・基準 ● SLA（障害復旧時間など） ● 災害対応策（DR）、業務継続策（BC） ● 保存データ周期・量 ● エンドユーザー操作方法など
	移行要件	現行システムから新システムへの移行対象、移行方法などの移行に関する要件	● 移行対象業務 ● 移行データ量 ● 移行対象プログラム ● 移行対象ハードウェア・移行手順 ● 移行時期など
	付帯作業	システム構築に付帯する作業に関する要件	● 環境設定 ● 端末展開作業 ● エンドユーザー教育 ● 運用支援など
	その他	上記に該当しない要件	● コスト、納期の目標値 ● 電力量 ● 作業環境 ● フロア面積など

出典：「経営者が参画する品質要求の確保」（IPA）より一部改変

業務編

10 要件定義ではどのようなツールを使いますか？

よく使われるのは業務流れ図やER図などだね。

何のために使うんですか。

業務、システム、データ処理を見える化します。

業務、システム、データ処理を見える化します。

　要件定義では、組織ごとの業務、業務間の関係性、開発するシステムの機能、個々のデータの処理、システム導入後の業務プロセスなどを見える化します。そこでよく使われるのが、<u>機能情報関連図</u>、<u>業務流れ図</u>、<u>ER図</u>です。機能情報関連図は、組織ごとに業務を分解し、さらに業務と業務との関連を見える化します。作成した図は階層化されているので、優先順位の整理も容易です。機能情報関連図としては、<u>DMM</u>と<u>DFD</u>が有名です。いずれも多岐に渡る業務を一覧し、経営的な視点から業務を見るために使われます。

業務流れ図は、フローチャート、アクティビティ図などです。

　業務流れ図は、個々のデータが処理される組織・場所・順序、人がやる作業とコンピュータがやる作業を独自の記号を使って見える化します。業務流れ図を書くことで、業務フローや業務プロセスだけでなく、部門間の役割分担なども明確化します。代表的な業務流れ図には、<u>フローチャート</u>、<u>アクティビティ図</u>、<u>ユースケース図</u>があります。そしてER図は、システムが処理するデータとデータ同士の関係を明確にします。なお要件定義では、業務流れ図が業務フローの詳細を記述するための業務記述書としても利用されます。

機能情報関連図

DMM
組織と業務、業務と関連業務の関係を見える化する

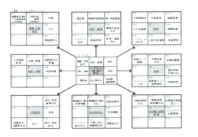

DFD
業務の流れ、組織と業務の関係を見える化する

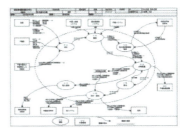

業務流れ図とER図

フローチャート
データを処理する組織・場所・順序と、人とコンピュータによる処理を見える化する

アクティビティ図（UML）
業務フローと業務プロセスを見える化する

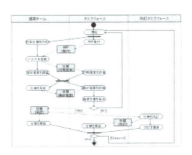

ユースケース図（UML）
コンピュータが処理する業務とそこで扱うデータを見える化する

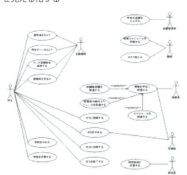

ER図（概念図）
システム全体で扱うデータを図で明確にする

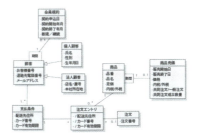

KEYWORD

1行でわかる 6章の重要キーワード

- **IT戦略** …………………… ITを経営戦略の一部として利用するための中長期の方針
- **As-Is、To-Be** …………… 現状と理想とを比較することで、やるべきことを把握するアプローチ
- **システム化企画** ………… IT戦略を適切に実現するためのシステムを策定するプロセス
- **ROI** ……………………… 投資した資本がどの程度の利益を生んでいるかを測るための指標
- **コンペティション** ……… 募集案件に対して複数の企業から見積り・提案を受けて選定する形態
- **オリエンテーション** …… コンペにおいて、募集案件の概要を発注元企業が説明する場
- **システム提案依頼書(RFP)** … 開発するシステムの概要と目的、必要機能、納期などをまとめた書類
- **類推見積り** ……………… 過去の類似プロジェクトの実績値に基づいて見積る方法
- **ボトムアップ見積り** …… システムの構成要素を開発するために必要な工数などから見積る方法
- **係数モデル見積り** ……… システムの機能や画面の数に係数を乗じて見積る方法
- **請負型契約** ……………… 基本的に契約時の見積り金額に基づいて作業料金を支払う形態の契約
- **準委託型契約** …………… 作業処理にかかった時間に応じて料金支払う形態の契約
- **要件定義** ………………… 開発するシステムが実現するべき機能や性能を確定させるための作業
- **要求定義** ………………… ユーザー企業のシステムに対する要望を見える化するための作業
- **機能要件** ………………… ユーザーの要求を満たすためにシステムが実現するべき機能など
- **非機能要件** ……………… 開発するシステムが安定稼働し、継続利用するために必要な性能など
- **機能情報関連図** ………… 組織ごとに業務を分解し、業務間の関連を見える化した図
- **業務流れ図** ……………… 人のやる作業とコンピュータのやる作業などを見える化した図
- **ER図** ……………………… システムが処理するデータとデータ同士の関係を見える化した図

業務編

Chapter 7

システムの設計と開発

- 11　システムの全体像はどのように把握しますか？
- 12　システムの基本設計では何をやるのですか？
- 13　システムの詳細設計では何をやるのですか？
- 14　システム設計ではどのような方法論を使いますか？
- 15　システム設計ではどのようなツールを利用しますか？
- 16　プログラム開発ではどのように言語を選びますか？
- 17　プログラム開発ではどのようなツールを使いますか？
- 18　プログラムのテストでは何をやるのですか？
- 19　テストではどのようなツールを使いますか？

> 業務編

11 システムの全体像はどのように把握しますか？

 システム構成図やネットワーク構成図を作るね。

何を見える化するんですか。

 構成要素と、それぞれの役割、やり取りだね。

システム構成図やネットワーク構成図を作成します。

　要件定義では、システムの全体像を関係者感で共有し、将来的なシステム拡張に備えるために、システム構成図やネットワーク構成図を作成します。システム構成図は、サーバやストレージやネットワーク機器などのハードウェア間、OSやミドルウェア、アプリケーションやデータベースなどのソフトウェア間のUIやつながりを図示することで、「システムの機能」を明らかにします。システム構成図を作成するにあたっては、システムの構成要素がどのように作用するかを明確に表現することが重要です。

ネットワークには物理構成図と論理構成図があります。

　ネットワークを構成する機器間の接続ややり取りを図示したネットワーク構成図は、物理構成図と論理構成図に分けられます。物理構成図には、ルータやスイッチ、ゲートウェイやファイアウォールといったネットワーク機器やサーバ・クライアント端末などの物理的な配置・配線・接続を図示します。一方、論理構成図には、通信の流れやネットワークの接続関係を図示します。論理構成図を見れば、ネットワーク機器がどのネットワークに属しているか、ネットワーク間でどのような通信が行われているかがわかります。

システム構成図（例）

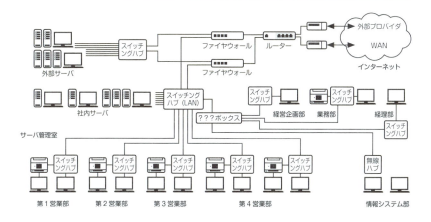

ネットワーク構成図の物理構成図（例）

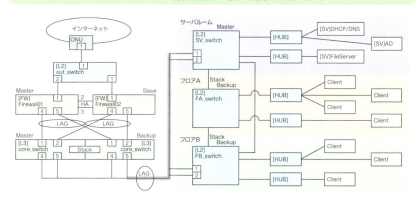

ネットワーク構成図の論理構成図（例）

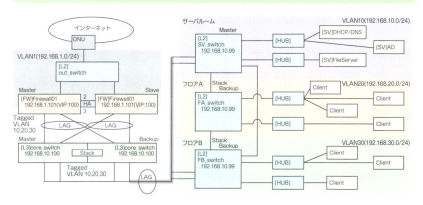

業務編

12 システムの基本設計では何をやるのですか？

システムの機能や構造を決めるのよ。

そのために、何を作るのですか。

システム構成図やテーブル定義書などね。

要件定義書に基づいてシステムの機能や構造を決めます。

基本設計では、要件定義書に基づいてシステムの機能や構造を決めます。具体的には、「洗い出した機能要件や非機能要件」「扱うデータとデータの扱い」「画面・帳票のレイアウト」「データベースのテーブル定義」などを基本設計書としてまとめます。基本設計書は通常、「インターフェイス（外部とのやり取り）＝システム構成図や画面・帳票レイアウト」「プロセス（業務の流れ）＝業務処理定義書や機能一覧表」「データ（データの扱い）＝テーブル定義書やER図の論理モデル」の3つで構成されます。

外から見たときのソフトウェアの動作を明確にします。

「概要設計」や「外部設計」などとも呼ばれる基本設計の役割は、「システムの外から見たときにソフトウェアがどのように動作するか」を明確にすることです。そのためには、情報システムを機能単位に分割し（サブシステム）、「それぞれの機能がどのような役割を果たすか」「機能同士がどのようにつながるか」を決めなくてはなりません。これにより、システムの全体像を把握し、課題を明確にするのです。なお、ER図は、要件定義で概念モデルを、基本設計で論理モデルを、詳細設計で物理モデルを作成することになります。

システムの基本設計の流れ

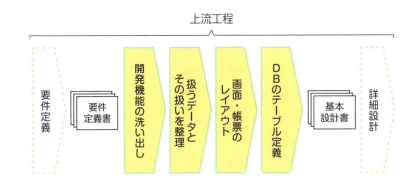

基本設計書＝基本設計の成果物

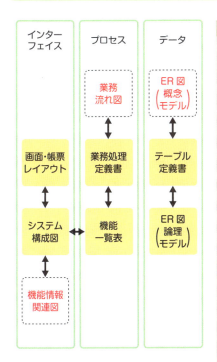

分類	成果物	目的
インターフェイス	画面・帳票レイアウト	各画面・帳票レイアウトのサンプルと基本データを整理することで、システム設計条件を明確にする
	システム構成図	開発するシステムと、外部システムや既存システムとのデータの流れを明確にする
プロセス	業務処理定義書	業務流れ図における各業務で処理する機能を明確にする
	機能一覧表	開発するシステムが実現する業務機能を明確にする
データ	テーブル定義書	システム全体で扱うデータの属性を明確にする
	ER図（物理モデル）	画面や帳票などで必要とするデータを明確にする

業務編

13 システムの詳細設計では何をやるのですか？

プログラムの動作を定義します。

そのために、何を作るのですか。

画面遷移図や機能設計書などね。

システムの機能を分割して、プログラムの動作を定義します。

　詳細設計では、基本設計書に基づいてシステムの機能や構造などをプログラム単位に分割し、各プログラムの動作を定義します。具体的には、「詳細化した開発機能」「外部とのデータのやり取り」「画面・帳票の遷移」「詳細化したデータ」などを詳細設計書としてまとめます。詳細設計書は通常、「インターフェイス（外部とのやり取り）＝外部インターフェイス定義書や画面遷移図」「プロセス（業務の流れ）＝機能設計書」「データ（データの扱い）＝ER図の物理モデル」の3つで構成されます。

ソフトウェアの動作の実現方法を明確にします。

　「機能設計」や「内部設計」などとも呼ばれる詳細設計の役割は、「基本設計で決めたソフトウェアの動作をどのように実現するか」を明確にすることです。そのためには、情報システムの各機能を詳細化し、「具体的に各機能でどのようなデータ処理が行われるか」「データ処理同士がどのようにつながるか」を決めなくてはなりません。また機能をデータ処理に分割するとともに、「共通化できるデータ処理＝モジュール」を切り出します。これによって、プログラム設計が明確になるのです。

システムの詳細設計の流れ

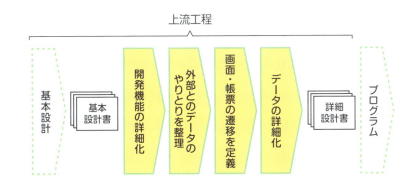

詳細設計書＝詳細設計の成果物

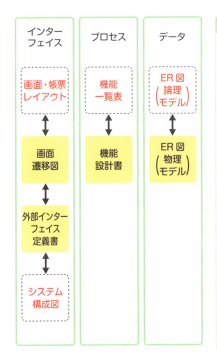

分類	成果物	目的
インターフェイス	画面遷移図	各画面での入力や選択に応じた画面感の切り替え・制御を明確にする
インターフェイス	外部インターフェイス定義書	開発するシステムと、外部システムや既存システムとのデータのやり取りを明確にする
プロセス	機能設計書	機能単位で扱うデータとデータ処理を明確にする
データ	テーブル定義書	システム全体で扱うデータの属性を明確にする
データ	ER図（物理モデル）	データベースに入出力するデータを明確にする

業務編

14 システム設計ではどのような方法論を使いますか？

プロセス中心、データ中心、オブジェクト指向の3つよ。

なぜ、進化してきたのですか。

ソフトウェアを再利用するためね。

構造化設計、DOA、OOAという流れで進化してきました。

システム設計の方法論は、プロセス中心設計（構造化設計）、データ中心設計（DOA）、オブジェクト指向設計（OOA）という流れで進化してきました。ただし、データベースの設計ではデータ中心設計が使われるなど、それぞれが得意とすることが異なるため、3つの方法論は現在もシステム開発で併用されています。プロセス中心設計は業務プロセスの単位でシステムを設計する方法論です。「処理」の単位でシステムを設計するため、プログラムとデータを切り離せず、業務プロセスを変更する際には、システム全体を見直す必要があります。

多くの開発でオブジェクト指向設計が使われています。

プロセス中心設計の問題を改善するために登場したのが、データ中心設計です。データ中心設計では、データが処理と独立して設計されるため、ソフトウェアを部品として再利用できます。そして、処理とデータの両方を再利用できる方法論として考案されたのがオブジェクト指向設計です。オブジェクト指向設計では、データと処理の両方を一体化したオブジェクトに着目して設計することで、ソフトウェアの部品化と変化に強いシステム構築が可能になります。現在、多くのシステム開発においてオブジェクト指向設計の手法が使われています。

プロセス中心設計

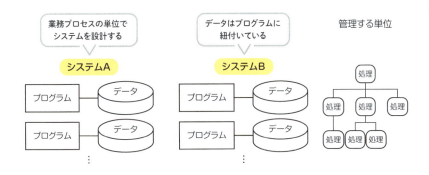

データ中心設計

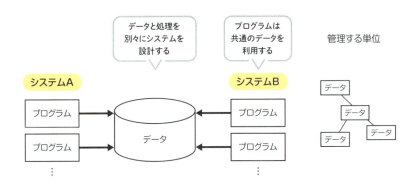

オブジェクト指向設計

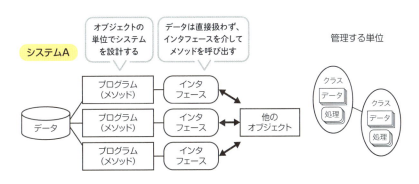

業務編

15 システム設計ではどのようなツールを利用しますか？

最近は、モデリングを使うケースも増えているわね。

それって、何をやるのですか。

システムの構造や機能、情報の流れなどを図示するの。

全体像を共有してモデリングで課題を洗い出します。

　システム設計では通常、システムの構造や機能や振る舞い、情報の流れなどを図示することで、プロジェクトのメンバー、情報システム部門の担当者、協力会社のメンバーの間でシステムの全体像を共有し、課題を洗い出します。このときに使われるのが、モデリングです。モデリングでは、業務やシステムに存在する情報、情報間の関係、情報の流れを四角や丸、矢印や線などの記号を使って表現します。モデリングの表記方法はモデリングツールごとに異なり、ツールは用途に応じて使い分けます。

使用するモデリングツールは方法論によって変わります。

　使用するモデリングツールは、採用するシステム設計の方法論によって変わります。処理を対象に設計するプロセス中心設計では、システムやプロセスの情報の流れをマップ化するDFD（データフローダイアグラム）と呼ばれるツールが使われます。データを対象に設計するデータ中心設計で使われるのはER図の論理モデルや物理モデルです。オブジェクト指向設計では、統一モデリング言語であるUMLのクラス図（静的構造図）やオブジェクト図（静的構造図）、シーケンス図（相互作用図）やステートチャート図（振る舞い図）などが使われます。

プロセス中心設計

● DFD
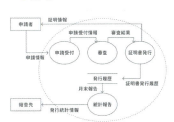

データ中心設計

● ER図
（論理モデル）

● ER図
（物理モデル）

業務編 システムの設計と開発

オブジェクト指向設計

● クラス図
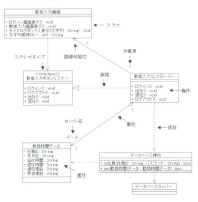

● シーケンス図
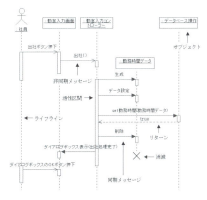

● オブジェクト図
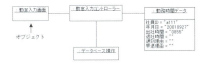

● ステートチャート図
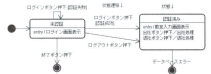

> 業務編

16 プログラミング開発ではどのように言語を選びますか？

 言語特性やエンジニアの確保しやすさが重要よ。

スキルを把握しておく必要があるんですね。

 自社スタッフだけでなく、協力会社のスタッフもね。

言語特性や処理速度、エンジニアの確保などを考慮します。

　プログラムの開発にあたっては、プログラミング言語を選択する必要があります。開発するシステムの種類や特性などに応じて、適切なプログラミング言語が異なり、開発生産性が変わってくるためです。言語の選択では通常、プログラミング言語の言語特性やデータベース接続、利用できるフレームワークやライブラリ、そしてその言語を使い慣れているエンジニアの確保のしやすさなどを考慮します。このうち、エンジニアの確保では、社内や協力会社のスタッフのスキルレベルや人数などを把握しておくことが重要になります。

手続き型言語とオブジェクト指向言語に分類できます。

　業務システムの開発で使われているプログラミング言語は手続き型言語とオブジェクト指向言語に分類できます。COBOLやCなどの手続き型言語はデータに対する手続き（処理手順）を記述するのに対して、JavaやRubyなどのオブジェクト指向言語は「データ ＋ 命令の単位 ＝ オブジェクト」の単位でプログラミングします。一般に、手続き型言語は実績があり安定している一方、オブジェクト指向言語はソフトウェアの再利用性が高く、アサインするエンジニアに高いスキルが要求されると言われています。

プログラミング言語の選択の基準

選択の指標	選択の基準
言語特性	言語仕様、実行速度、汎用性、信頼性、型付け、実行モデルなど
データベース接続	主要なデータベースエンジンへの対応状況、サポート環境の有無など
ライブラリ	システム開発を容易にするソフトウェアの集合 体の有無など
フレームワーク	システム開発を容易にするルール・インターフェース仕様・ソフトウェアの集合 体の有無など
開発環境	コンパイラ・テキストエディタ・デバッガなどを一元管理して利用できる ソフトウェアの有無など
エンジニアの確保	言語を習得しているエンジニアの人数、言語の習得難易度など
開発生産性	開発環境やフレームワークの有無も含めた、言語を利用したシステム開 発の速度など

開発システム別の主要プログラミング言語

業務システム開発

Java
C
C++
VisualBasic
.NET
C#
COBOL
SQL

Webシステム開発

PHP
Perl
Ruby
Python
JavaScript
ASP.net
Java
SQL

スマホアプリ開発

Objective-C
Java
JavaScript
Swift
Kotlin

プログラミング言語による表記の違い（例）

● Java

1	public class Main {
2	public static void main(String[]
3	args) {
4	System.out.println("hello world");
5	}
6	}

● Python

| 1 | print("hello world"); |

業務編　システムの設計と開発

> 業務編

17 プログラム開発ではどのようなツールを使いますか？

 エディタや統合開発環境は必ず使うわね。

 ほかには？

 ライブラリ、フレームワークも重要よ。

エディタや統合開発環境、ライブラリなどを使います。

　プログラムの開発では、通常、エディタや統合開発環境（IDE）などの開発支援ツール、ライブラリやフレームワークを利用します。エディタとは、PCなどで文字（テキスト）情報を作成・編集・保存するためのソフトウェアであり、入力、削除、コピー、ペースト、検索、置換などの機能を備えています。ライブラリとは、汎用性の高い複数のプログラムの集合体であり、繰り返し利用できます。一方、フレームワークとはアプリケーション開発でよく使われる機能を提供するルール・インターフェイス・プログラムの集合体です。

IDEを活用することで、開発生産性が向上します。

　IDEは、エディタのほか、ソースコードを機械語に変換するコンパイラ、プログラムの欠陥（バグ）を見つけるデバッガ、プログラムをテストするテストツール、プログラム説明書を自動生成するドキュメントツールなどを1つの開発画面上で操作できるツールです。IDEは、ソースコード、設定用ファイル、アイコンといったファイルを一元的管理でき、GUIをGUI環境で開発できます。そのほか、Webアプリケーション開発に特化したWeb開発ツール、スマホ・タブレットアプリを開発可能な開発環境も提供されています。

プログラミング用のエディタ

名称	URL	対応OS	レベル	価格
TeraPad	http://www5f.biglobe.ne.jp/~t-susumu/tpad.html	Windows	初級〜中級	無料
サクラエディタ	http://sakura-editor.sourceforge.net/	Windows	初級〜中級	無料
秀丸エディタ	http://hide.maruo.co.jp/software/hidemaru.html	Windows	初級〜中級	有料
Notepad++	https://notepad-plus-plus.org/	Windows	初級〜中級	無料
mi	http://www.mimikaki.net/	Mac OS	初級〜中級	無料
CotEditor	https://coteditor.com/	Mac OS	初級〜中級	無料
Sublime Text	http://www.sublimetext.com/	クロスプラットフォーム	中級〜上級	無料
Emacs	http://www.gnu.org/s/emacs/	クロスプラットフォーム	中級〜上級	無料
Vim	http://www.vim.org/	クロスプラットフォーム	中級〜上級	無料
Atom	https://github.blog/news-insights/product-news/sunsetting-atom/	クロスプラットフォーム	中級〜上級	無料
Visual Studio Code	https://azure.microsoft.com/ja-jp/products/visual-studio-code/	クロスプラットフォーム	中級〜上級	無料
Sublime Text	https://www.sublimetext.com/	クロスプラットフォーム	中級〜上級	無料

統合開発環境（IDE）

名称	URL	対応OS	対応言語	価格
Eclipse	https://eclipse.org/	クロスプラットフォーム	Java、PHP、Perl、Ruby、JavaScriptなど	無料
Visual Studio	https://www.microsoft.com/ja-jp/dev/default.aspx	Windows	C#、Visual Basic、C++、Pythonなど	有料
JDeveloper	http://www.oracle.com/technetwork/jp/developer-tools/jdev/overview/index.html	クロスプラットフォーム	Java	無料
IntelliJ IDEA	https://www.jetbrains.com/ja-jp/idea/	クロスプラットフォーム	Java	有料
PyCharm	https://www.jetbrains.com/ja-jp/pycharm/	クロスプラットフォーム	Python	有料
AWS Cloud9	https://aws.amazon.com/jp/cloud9/	クラウド	JavaScript	無料
Jbuilder	https://github.com/rails/jbuilder	クロスプラットフォーム	Java	無料
NetBeans	https://ja.netbeans.org/	クロスプラットフォーム	Java、PHP、C、C++、JavaScriptなど	無料
Android Studio	https://developer.android.com/sdk/index.html	クロスプラットフォーム	Java	無料

スマホアプリ開発ツール

名称	URL	対応OS	対応言語	価格
Xcode	https://developer.apple.com/jp/xcode/	Mac OS	Objective-C、Swift	無料
Android Studio	https://developer.android.com/studio?hl=ja	クロスプラットフォーム	Java、Kotlin	無料
Monaca	https://ja.monaca.io/	クロスプラットフォーム	JavaScript、CSS、HTML	有料

Webデザインツール

名称	URL	対応OS	レベル	価格
Adobe XD	https://adobexdplatform.com/	クロスプラットフォーム	中級〜上級	有料
Adobe Express	https://www.adobe.com/jp/express/	クロスプラットフォーム	中級〜上級	有料
Figma	https://www.figma.com/ja-jp	クラウド	中級〜上級	有料
Canva	https://www.canva.com/ja_jp	クラウド	中級〜上級	無料

> 業務編

18 プログラムのテストでは何をやるのですか？

 単体テストと結合テストね。

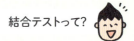 結合テストって？

 モジュールを結合した後に検証するの。

単体テストと結合テストを開発と並行して実施します。

　プログラムのテストでは、個々のモジュールを検証する<u>単体テスト</u>、単体テストを通過したモジュール同士を組み合わせたユニットを検証する<u>結合テスト（ユニットテスト）</u>を、基本的にプログラム開発と並行する形で実施します。単体テストで実施するのは、<u>ホワイトボックステストとブラックボックステスト</u>の2つです。ホワイトボックステストではモジュールの内部構造に着目してモジュールが意図通りに動作するかを確認し、ブラックボックステストではモジュールが入力に対して意図通りにデータを出力するかを確認します。

結合テストはトップダウンとボトムアップに分けられます。

　結合テストは、プログラムのどの部分から組み合わせるかによって、上位のモジュールから結合する<u>トップダウンテスト</u>と下位のモジュールから結合する<u>ボトムアップテスト</u>に分けられます。トップダウンテストでは機能漏れや仕様の認識違いなどを検証し、ボトムアップテストではユニットの動作などを検証します。通常、結合テストでは両者を併用します。なお、単体テストは通常、自分のPC上（ローカル）に構築した開発環境で、結合テストは通常、共有PC上などに構築した検証（テスト）環境で実施します。

単体テストと結合テスト、システムテストと受入テスト

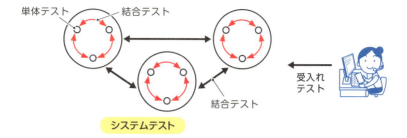

ホワイトボックステストとブラックボックステスト

ホワイトボックステスト

モジュールの内部構造に着目したテスト

種別	説明
命令網羅	モジュール内の命令を少なくとも一度は実行するようにテストデータを作成する
分岐網羅	モジュール内の分岐部分において、真および偽の両方を少なくとも一度は実行するようにテストデータを作成する

ブラックボックステスト

モジュールの入力と出力に着目したテスト

種別	説明
同値分割	仕様からデータを意味のあるグループから代表値を選んでテストする
境界値分析	同値クラスの間の境界値をテストデータとして選んでテストする

トップダウンテストとボトムアップテスト

トップダウンテスト

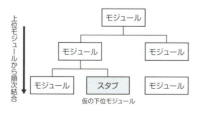

ボトムアップテスト

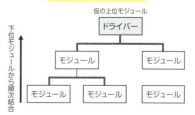

業務編

19 テストではどのようなツールを使いますか？

計画⇒設計⇒実施⇒管理という流れで進めます。

ツールのほうは。

機能、負荷、性能監視など、様々なテスト用のツールがあるわ。

一定規模以上ではプロセスに沿ってテストを実施します。

　一定規模以上のシステム開発では、「計画⇒設計⇒実施⇒管理」というプロセスに沿ってテストを実施します。テスト計画では、テストの目的、対象範囲、実施方法、体制、環境、スケジュール、評価基準などをテスト計画書にまとめ、関係者に確認を取ります。テスト設計では、テストのシナリオやテスト内容、確認するべき項目などを決めてテスト仕様書にまとめ、テスト管理では、メンバーが「プログラムの欠陥 ＝ バグ」を発見したら、番号を振ってバグ管理票に登録し、バグが修正されたらテスト報告書に記載して「バグ情報」を管理します。

生産性を向上させる上ではツールの利用も重要です。

　テストの生産性を向上させる上では、テストツールの利用も重要です。テストツールは、テストの対象や手段によって分類され、マウスやキーボードの操作を記録し自動再生する機能テストツール、負荷がかかった状態におけるアプリケーションの動作を調べる負荷テストツール、主にブラックボックステストを支援する単体テストツール、プロセスごとのメモリ使用量を定期的に監視する性能監視・メモリ監視ツール、ホワイトボックステストをチェックする静的解析ツール、プログラムを実行して解析する動的解析ツールなどがあります。

テストツール

種別	名称	URL	提供
統合テスト環境	Oracle Application Testing Suite	https://www.oracle.com/jp/technical-resources/articles/ats-tech/atsjp.html	オラクル
	Rational TestManager	https://mediacenter.ibm.com/channel/Rational+TestManager/33944232	IBM
機能テストツール・回帰テストツール	UTF One	https://www.ashisuto.co.jp/product/category/quality/functional-testing/	アシスト
	IBM DevOps Test UI	https://www.ibm.com/jp-ja/products/devops-test/ui	IBM
負荷テストツール	HPE LoadRunner	https://www.ashisuto.co.jp/product/category/quality/loadrunner/detail/list/1201.html	アシスト
	k6	https://k6.io/	Grafana Labs
	Tricentis NeoLoad	https://www.tricentis.com/products/performance-testing-neoload	Tricentis
	Apache Jmeter	https://jmeter.apache.org/	The Apache Software Foundation
単体テストツール	Junit	https://junit.org/junit5/	Junit
	Jtest	https://www.techmatrix.co.jp/product/jtest/index.html	テレマトリックス
	C/C++test	https://www.techmatrix.co.jp/product/ctest/index.html	テレマトリックス
	Agitar One	http://www.agitar.com/solutions/products/agitarone.html	Agitar Technologies
静的解析ツール	Helix QAC for C	https://www.toyo.co.jp/ss/products/detail/qac	東陽テクニカ
	Coverity Static Analysis	https://www.synopsys.com/software-integrity/static-analysis-tools-sast/coverity.html	synopsys
	Agile+ Relief	https://www.fujitsu.com/jp/products/software/development/a-relief/	富士通
	McCabe IQ	http://www.mccabe.com/iq.htm	McCabe Software
	Static Code Analyzer	https://www.opentext.com/products/fortify-static-code-analyzer	opentext
性能監視・メモリ監視ツール	PurifyPlus	https://www.unicomsi.com/products/purifyplus/	UNICOM Systems
	Insure++	https://www.techmatrix.co.jp/product/insure/index.html	テレマトリックス
	DevPartner	https://devpartner.com.br/	devpartner
	Vtune Pfrofiler	https://www.intel.com/content/www/us/en/developer/tools/oneapi/vtune-profiler.html	インテル
動的解析ツール	IBM DevOps Test Performance	https://www.ibm.com/jp-ja/products/devops-test/performance	IBM
	Coyote C++	https://coyote-test.jp/	CyberFortress

KEYWORD

1行でわかる 7章の重要キーワード

- **システム構成図**……………… ハードウェア間、ソフトウェア間のつながりやUIを図示した図
- **ネットワーク構成図** ………… ネットワークを構成する機器間の接続ややり取りを図示した図
- **物理構成図**…………………… ネットワーク機器・ハードウェアなどの物理配置・配線を図示した図
- **論理構成図**…………………… ネットワーク機器・ハードウェアなどの通信や接続を図示した図
- **基本設計**……………………… 要件定義書に基づきシステムの機能や構造、データ処理を決める作業
- **詳細設計**……………………… 基本設計書に基づきシステムの機能などをプログラムに分割する作業
- **プロセス中心設計** …………… 業務プロセスに基づいて業務処理の単位でのシステム設計方法論
- **データ中心設計** ……………… データと業務処理の単位とが切り離された形でのシステム設計方法論
- **オブジェクト指向設計** ……… データと処理を一体化したオブジェクト単位でのシステム設計方法論
- **モデリング** …………………… 業務やシステムに存在する情報、情報の流れなどを図示する作業
- **モデリングツール** …………… システム設計でモデリングを実施する上で使われる見える化ツール
- **手続き型言語**………………… データに対する手続き(処理手順)を記述するプログラミング言語
- **オブジェクト指向言語** ……… 「オブジェクト」単位でプログラムを記述するプログラミング言語
- **エディタ** ……………………… PCなどでテキスト情報を作成・編集・保存するためのソフトウェア
- **総合開発環境(IDE)** ………… エディタ、コンパイラ、デバッガなどを兼ね備えたソフトウェア
- **ライブラリ** …………………… 汎用性の高い複数のプログラムを再利用可能な形で提供するもの
- **フレームワーク** ……………… ソフトウェア構築で必要になる汎用的な機能や骨組みを提供するもの
- **単体テスト** …………………… 個々のプログラミングモジュールを検証するソフトウェアテスト
- **結合テスト** …………………… モジュール同士を組合せたユニットを検証するソフトウェアテスト
- **ホワイトボックステスト**…… モジュールが意図通りに動作するかを確認する単体テスト
- **ブラックボックステスト** …… 入力に対して意図通りにデータ出力するかを確認する単体テスト
- **トップダウンテスト** ………… 上位モジュールから順に組合せて検証する結合テスト
- **ボトムアップテスト** ………… 下位モジュールから順に組合せて検証する結合テスト
- **機能テストツール** …………… マウスやキーボードの操作を自動再生することで実施するテスト
- **負荷テストツール** …………… 負荷がかかった状態におけるアプリケーションの動作を調べるテスト

業務編

Chapter 8

システムの導入と運用管理

- 20 システムの導入では何をやるのですか？
- 21 システムの納品では何が求められますか？
- 22 システム開発のV字モデルとW字モデルとは何ですか？
- 23 システムの運用管理では何をやるのですか？
- 24 システムの運用管理体制はどのように整備しますか？
- 25 システムの構成管理では何をやるのですか？
- 26 システムの障害対応では何をやるのですか？
- 27 アカウントとセキュリティの管理では何をやるのですか？
- 28 システムの運用管理でSLAやITILはどう使われますか？
- 29 どうしてシステムをリプレイスするのですか？
- 30 システムのリプレイスはどのように進められますか？

業務編

20 システムの導入では何をやるのですか？

システムテストと受入テストを実施します。

誰がテストするんですか。

前者はITベンダー、後者はユーザー企業です。

システムテストと受入テストを実施します。

　システムの導入にあたっては、通常、結合テストに通ったすべてのプログラムを本番同様の環境において動作させる<u>システムテスト</u>、システムテストに通ったシステムをユーザー企業の情報システム部門や業務の担当者などが使ってみて、要件が満たされているかを確認する<u>受入テスト</u>（検収・承認）という2つのテストを実施します。システムテストでは、ハードウェアはもちろん、サーバから、ミドルウェア、データベース、データまで本番環境とほぼ同じ<u>ステージング環境</u>を、受入テストでは、実際の業務で使う<u>本番環境</u>を使います。

システムはITベンダー、受入はユーザー企業が主体です。

　システムテストでは、要件通りにシステムが動作するかだけでなく、ソフトウェアのバージョン違いなどによるトラブルが発生しないか、システムの処理速度やシステム負荷発生時の動作などは問題ないか、データのバックアップや復元などの作業は進められるかなども確認します。一方、受入テストでは、実際の業務で使っている本番データでシステムを動作させてみることで、システムテストと同様に動作するか、想定外のデータが存在しないかなどを、実際にシステムを利用する業務担当者などが確かめます。

システムテストの種類

名称	テスト内容
負荷テスト	システムがどこまでの負荷に耐えられるかを確認するテスト。一定時間システムを連続稼働させて安定稼働できるかどうかを確認するロングラン・テスト、単位時間あたりの処理件数を測定する「高頻度テスト」、データのサイズや量の限界を確認するボリューム・テスト、メモリやディスクなどを極端に少なくした状態での動作を確認するストレージ・テストなどがある
パフォーマンステスト	負荷を増した時のシステムの挙動やボトルネックを確認するテスト。システムへの負荷のかけ方が負荷テストと同様であるため、負荷テストと合わせて実施されることが多い
障害テスト	テストシステムの設計や要件で想定されている障害に対しての動作を確認するテスト。システムが正しく動作すること、意図しない動作や新たな障害が発生しないことなどを確認する
セキュリティテスト	テストセキュリティ・ポリシーがシステムに正しく反映されていることを確認するテスト。チェック項目としては、外部からの不正アクセス、内部での権限／承認コントロール、情報の漏えい、などがある
構成テスト	システムのハードウエア、OS、ミドルウエア、データベース、通信ソフトウエアなどが設計仕様書通りか、それで問題ないか、仕様書から変更した場合にどのような影響が出るかを確認するテスト

受入テストの種類

種類	内容
ユーザー受入テスト	業務部門のエンドユーザーが業務で実際に利用可能かを確認するテスト
運用受入テスト	情報システム部門の担当が運用上問題がないかを確認するテスト
契約受入テスト	情報システム部門の担当が納品されたシステムに問題がないかを確認するテスト
規定受入テスト	情報システム部門の責任者が法律・安全基準・各種規制などの点で問題がないかを確認するテスト
サイト受入テスト	サイトのユーザーや顧客がサイトの画面や機能などに問題がないかを確認するテスト
フィールドテスト	将来のユーザーや顧客がシステムの使い勝手や印象などを評価するために実施するテスト

業務編

21 システムの納品では何が求められますか？

業務担当者・情報システム担当者向けのマニュアルです。

どんな点に注意すればいいですか。

わかりやすいマニュアルですよ。

業務・情報システム担当者向けのマニュアルが必要です。

　受入テストが完了し、ユーザー企業にシステム納品するにあたっては、多くの場合、業務担当者向けの操作マニュアルや業務マニュアル、情報システム担当者向けの障害対応マニュアルやシステム仕様書の納品が求められます。マニュアルを納品することで、エンドユーザーが自らシステムの使い方を学べるようになりサポートの手間を省けるようになるだけでなく、業務担当者などからシステムの問題点の指摘を受けやすくなります。これにより、システムを継続的に改善していくことが可能になるのです。

わかりやすいマニュアルの作成が求められます。

　こうしたマニュアルはシステムにあまり詳しくない業務担当者も利用するため、わかりやすいマニュアルの作成が求められます。ただ実際には、操作マニュアルや運用マニュアルはシステムに詳しいエンジニアの視点で書かれるためにわかりにくく、ときには重要な情報が掲載されていないといった問題が起こります。なお、システムと各種ドキュメントを納品して納品書を提出し、システムが無事納品されたことを証明する検収書にユーザー企業の担当者から検収印をもらうと、システム導入は完了となります。

システムテストから納品までの流れ

システムテスト → システムの納品 → 納品書 → 受入れテスト（1週間〜1ヶ月） → プログラムの修正 → プログラムの再納品 → 受入れ再テスト（1週間〜1ヶ月） → 検収書 → 契約不適合責任期間（6ヶ月〜1年）

業務編　システムの導入と運用管理

システム納品時に求められるドキュメント

種類	内容
操作マニュアル	システムの操作方法を記述するマニュアル。システムの起動・終了方法、システムの全機能とその使う際の操作方法などを記述する
業務マニュアル	システムによる業務の進め方を記述するマニュアル。業務の手順とともに、各手順で利用するシステムの機能などを記述する
障害対応マニュアル	システム障害が発生した際の対処方法を記述するマニュアル。業務担当でも対応可能な障害に対する対処方法のみを記述し、対応できない障害は情シス担当に連絡するように記述する
システム仕様書	システムの仕組みや構造、構成を記述する仕様書。業務担当がマニュアルを理解するうえで役立つ知識をわかりやすく記述する

システム検収のポイント

- **機能** ⇨ 要件定義書に記載されている機能が正しく実現できるか
- **性能** ⇨ 想定している利用状況において、要件定義書に記載されている目標値をクリアできるか
- **保守性** ⇨ プログラムがシンプルでわかりやすいか
- **ドキュメント** ⇨ 要件定義書から、プログラム、仕様書、各種マニュアルをトレースできるか

業務編

22 開発のV字モデルとW字モデルとは何ですか？

バグを効率的に検証する仕組みだよ。

どのような特徴がありますか。

検証するフェーズを明確化しているんだ。

システム開発でバグを効率的に検証する仕組みです。

　システム開発では、開発のどのフェーズでも欠陥（バグ）が混入する可能性があるため、バグを効率的に検証する仕組みが必要です。そこで生まれたのが、ソフトウェアエンジニアリングにおけるシステム開発の<u>V字モデル</u>と<u>W字モデル</u>です。システム開発のプロセスを「要求定義〜プログラム設計」と「単体テスト〜受入テスト」に分けるV字モデルでは、要件定義の成果物を受入テストで、基本設計の成果物をシステムテストで、詳細設計の成果物を結合テストで、プログラム設計の成果物を単体テストで検証します。

問題を解消するため、W字モデルが生まれました。

　V字モデルでは、バグが発生したフェーズ以下の3角形内の面積がバグの影響の大きさを決めると言われています。つまり、要件定義でのバグの修復には莫大なコストがかかるわけです。こうした問題を解消するために誕生したのが<u>W字モデル</u>です。W字モデルでは、V字モデルの「要求定義〜プログラミング」の横で各段階の成果物を検証する「要件定義レビュー〜コードレビュー」を同時に走らせ、「単体テスト〜受入テスト」の結果を「不具合分析」で検証します。このように開発と検証のプロセスを同時に走らせることで、早期にバグを発見するのです。

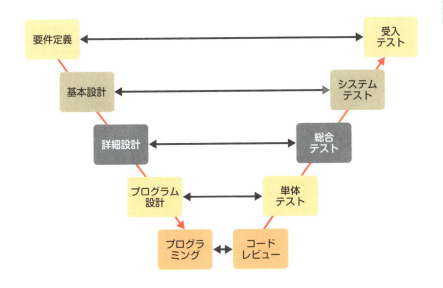

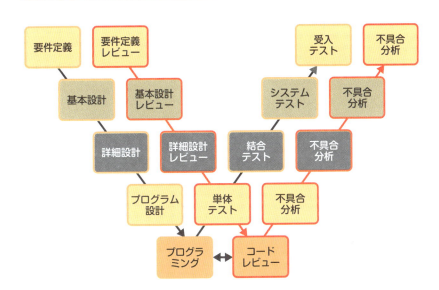

業務編

23 システムの運用管理では何をやるのですか？

システムを安定稼働させるための業務です。

重要なのですか。

重要性は高まっています。

システムを安定稼働させるための各種管理業務です。

　システムの運用管理とは、システムを安定稼働させるために、システムの構成、性能、障害、アカウント、セキュリティを管理する業務です。運用管理の業務には、通常、ユーザー企業の情報システム担当とITベンダーの運用管理担当が協力して従事します。運用管理担当はシステムの性能や環境（電源、空調、防災、防犯）の確保はもちろん、エンドユーザーや情報システム担当からの質問対応、障害発生時の対応、システムの不正使用や情報漏洩の防止、さらにはシステム運用コストの管理などを担います。

システム運用管理の効率化の重要性は高まる一方です。

　現在、ユーザー企業の情報システム投資は、既存システムの運用管理が7割、新規システムの開発は3割程度と言われており、ユーザー企業にとってシステム運用管理の効率化の重要性は高まる一方です。ただし、システムの運用管理に予算をかけすぎれば、本来企業の事業を支えるべきシステムが事業の足を引っ張ることにもなりかねません。そのため、システムの運用管理を考える際には、システム開発同様に、システムによって得られる利益とシステム障害による損失などから、予算を決めることが重要になります。

システム運用管理の業務

構成管理	システムの構成を把握し、ハードウェアの利用状況などを監視し、メンテナンスし、ドキュメント化する
性能管理	システムの応答速度やスループットなどを確認し、必要に応じて機器を追加したり、回線を変更する
障害管理	システムの障害を検出し、障害発生時に、システムを復旧し、事後処理と再発予防処置を講じる
アカウント管理	システムのユーザーについて、アカウントの追加、削除、利用状況の確認を行う
セキュリティ管理	システムを構成するサーバ、クライアントマシンについて、OSのアップデートやセキュリティパッチの配布、セキュリティ攻撃への対処などを行う

業務編　システムの導入と運用管理

システム運用コストの考え方

システムの運用コスト ／ システムの価値

運用・管理の方針

システム運用コストと削減策

システム運用管理のコスト（例）

- 人件費 22%
- 保守サポート 17%
- リース量 12%
- 減価償却費 11%
- データセンター費 10%
- ライセンス料 8%
- 常駐SE費用 7%
- 施設・電気・通信費 7%
- その他 6%

削減 ⇨

運用管理コストの削減策

- 業務のアウトソーシング
- ホスティング・ハウジングサービスの導入
- クラウドサービスの導入
- 業務の自動化
- サーバの仮想化

157

業務編

24 システムの運用管理体制はどのように整備しますか？

まずは、運用管理体制の指針を決めます。

ほかには。

対応手順を決め、情報共有体制を整備します。

運用管理体制の指針を決める必要があります。

システムを適切に運用管理し、システムを安定稼働させるには、運用管理体制の指針を決める必要があります。多くのシステムは基本的に24時間365日の稼働が求められます。そのためには、安定稼働時の監視体制のほか、障害・災害発生時の対応体制、再発防止策の検討・運用体制、機能追加・改修時の実装・リリース体制が必要です。オンプレミス、ハウジング、ホスティング、クラウドのいずれかで構築されたシステムの運用管理は、情報システム部門の担当者が担うこともあれば、外部のITベンダーに委託することもあります。

対処手順の策定、情報共有体制の整備が求められます。

システムの運用管理体制の整備では、システムの監視、障害対応、再発防止などの業務担当を決め、トラブル発生時の対処手順を定めておく必要があります。またスタッフのスキルや経験を把握し、適材適所で人員を配置します。二度手間やミスの発生を抑える上では、情報共有体制の整備も重要です。業務の中で得られた気付きや知見は、マニュアルを拡充させるなど、文書化して作業チーム内で共有します。セキュリティ管理では、外部サービスとの連携時のルール設定や災害時の対策立案など、セキュリティリスクの低減が求められます。

システムの運用体制（例）

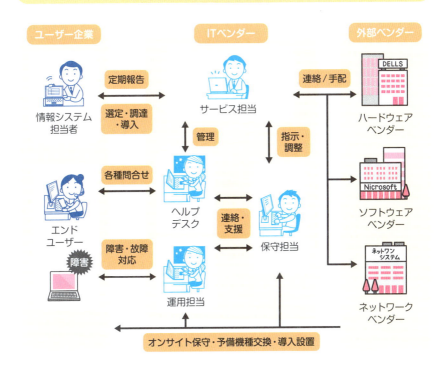

システムの監視体制（例）

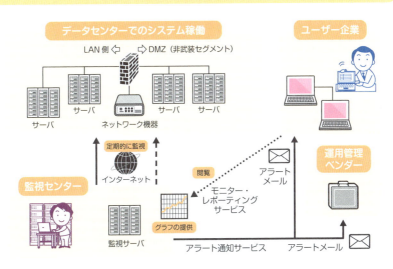

> 業務編

25 システムの構成管理では、何をやるのですか？

システム構成要素の管理・メンテナンスです。

そのためには、何が必要ですか。

ドキュメントや構成管理ツールの情報を更新します。

システム構成要素を管理・メンテナンスします。

システムの構成管理とは、システムを構成する様々な要素を管理・メンテナンスすることで、システムの安定稼働を図る業務です。管理・メンテナンスの対象は、サーバやPC、ネットワーク機器などのハードウェアのほか、OSやミドルウェア、アプリケーションなどのソフトウェア、電源設備やネットワークなどのインフラです。現在の情報システムでは、「業務システムのサーバOSにパッチを適用したところ連携システムが認識しなくなった」などのトラブルが発生します。こうしたトラブルを解決する上では構成管理が極めて重要になります。

ドキュメントや構成管理ツールの情報を更新します。

構成管理の業務では、ハードウェアやソフトウェアなどのライセンスやバージョンなども管理し、バージョンアップやライセンス変更といったシステム構成の変更時にはドキュメントや構成管理ツールの情報を更新します。また、変更後のファイルやシステムのバックアップ取得も構成管理業務の一貫です。なお、構成管理と似た業務にIT資産管理があります。ただし、IT資産管理では、システムを構成する要素を「資産」と捉えるのに対して、構成管理では、システム構成要素のライフサイクルや整合性を管理します。

構成管理業務の対象

対象		内容
サーバ、クライアント機器		稼働状況、CPU・メモリ使用率、HDD空き容量、アクセス状況など
ネットワーク機器		稼働状況、CPU・メモリ使用率、テーブルの状況など
ソフトウェア		利用状況、バージョン、ライセンス、パッチなど
設備や機器		温度・湿度の状況、配線状況、入退室状況など

業務編 システムの導入と運用管理

構成管理業務で更新するドキュメント

ドキュメント	更新タイミング
要件定義書	システムの仕様変更時、リプレイス時に更新
システム提案書	システムの仕様変更時、リプレイス時に更新
システム設計書	システムの仕様変更時、リプレイス時に更新
ネットワーク構成図	ネットワーク構成を変更した際に更新
ハードウェア構成図	ハードウェア構成を変更した際に更新
ソフトウェア構成図	ソフトウェア構成を変更した際に更新
ハードウェア機器一覧	ハードウェア構成を変更した際に更新
ソフトウェア一覧	ソフトウェア構成を変更した際に更新
運用設計書	システムの運用管理手順を変更した際に更新
操作マニュアル	システムの操作手順を変更した際に更新
業務マニュアル	システムを使った業務手順を変更した際に更新
障害対応マニュアル	障害対応の対処方法を変更した際に更新
システム仕様書	システムの仕様変更時、リプレイス時に更新

バックアップの種類

業務編

26 システムの障害対応では何をやるのですか？

 障害検知、切り分け、関係者への連絡などだよ。

どうやって、障害発生を知るのですか。

 システムが自動検知して、担当者に連絡します。

システム障害を検知し、切り分け、関係者に連絡します。

　堅牢に構築された情報システムも、必ず障害が発生します。そうした障害への対応もシステム運用管理業務の一貫です。通常、障害対応は「障害の検知、関係者への連絡・ヒアリング」「障害の切り分け（障害箇所の特定）」「システムの復旧」「関係者への連絡」「障害原因の究明」「再発防止策の立案」「障害の記録（障害対策マニュアル）」というプロセスで進められます。また、障害の切り分けは、システム障害とヒューマンエラーによる障害を特定する一次切り分けと、ソフトウェア障害とハードウェア障害を特定する二次切り分けに分けられます。

障害発生情報が担当者に自動的に通知されます。

　現在、一定規模以上のシステムは、ネットワーク経由ですべての機器を監視しており、障害や負荷過多などが発生すると、ただちに障害発生情報がメールなどで半自動的にシステムの運用管理担当者などに通知されます。また、多くの企業において、システム障害の影響を最小限にするために、複数台のコンピュータを相互接続して全体で1台のコンピュータのように振る舞わせる（クラスタリング）、同じデータを同時に複数のハードディスクに保存する（ミラーリング）などの対策が採られています。

障害発生から障害記録の流れ

システム障害の主な症状

アプリケーションが利用できない

サーバの性能が上がったり、下がったりする

サーバが応答しない、ダウンした

ネットワークがつながらない

システム障害の原因

原因	具体例
ハードウェア障害	機器の故障、停電・過電流・過負荷などによる機能停止・応答遅延
ソフトウェア障害	機能的な不具合（データが壊れる、使いたい機能が使えない）、非機能的なバグ（画面が乱れる、表示がずれる）、外部からの攻撃
ヒューマンエラーによる障害	過失・思い込み・勘違いによる誤操作

業務編

27 アカウントとセキュリティの管理では何をやるのですか？

アカウントの権限設定、登録・削除などだね。

セキュリティ管理のほうは。

セキュリティ対策の立案と実施だよ。

変更などに応じて、登録ユーザーのアカウントを管理します。

　運用管理におけるアカウント管理とは、従業員の出入りや部署や役職の変更などに応じてシステム利用ユーザーのアカウントを新規に発行し、使わなくなったアカウントを削除し、アカウントの権限を設定し、アカウントごとの利用状況を把握することによって、システム運用の安定性と安全性を確保する業務です。アカウント管理では、パスワードの初期化や変更、アカウントの棚卸し、ファイル共有の設定なども求められます。アカウント管理はある意味、不正アクセスや不正利用からシステムを守る上で欠かせない業務です。

ポリシーに基づいてセキュリティ対策を実施します。

　セキュリティ管理では、会社のセキュリティポリシーに基づいて、サイバー攻撃への対策、Webサーバの防御、PCやモバイル端末の盗難・紛失の対策（暗号化や認証システムの導入）、ログの取得・分析などを実施します。セキュリティポリシーは通常、情報システム部門や人事部、法務部のスタッフで構成される情報セキュリティ委員会が、会社の経営方針や目的、特性や責任などに基づいて策定します。なお、ネットワークセキュリティを管理するにあたっては、ファイアウォールなどの防御壁を設置します。

アカウント管理の業務

種類	内容
アカウントの追加・削除	入社・転職・転勤などに伴う、新規アカウントのID・パスワード・権限（所属）の設定、既存アカウントの削除などを行う
アカウントの設定・調査	ソフトウェアやメールの利用などに関する権限設定、アカウントごとのソフトウェア・ファイル・外部アクセスといった利用状況の把握などを行う
パスワードの運用	セキュリティポリシーや実施手順に基づく、エンドユーザーのパスワード設定を支援し、ユーザーごとのパスワードを管理する
ファイルの共有設定	ユーザーごとにファイルやプリンタへのアクセスを設定することで、情報漏えいなどのリスク回避と利便性向上の両立を図る

セキュリティ管理の業務

種類	内容
サイバー攻撃対策	マルウェア、不正侵入、パスワードハック、DoS攻撃、スパムメールなどのサイバー攻撃に対する対策を実施する
Webサーバの防御	OSやアプリケーションのアップデート、ファイヤウォール・WAF・IPSの導入などにより、Webサーバに対する外部からの攻撃を防ぐ
盗難・紛失・ソーシャルエンジニアリング対策	HD暗号化ソフトやシンクライアントの導入、セキュリティポリシーや実施手順の徹底などにより、盗難・紛失などによる情報漏えいを防ぐ
ログの取得・分析	ログ取得を設定し、定期的にダウンロードしてログサーバに蓄積するログデータを分析することで、問題のあるログを特定し、対策を実施する

セキュリティポリシーの考え方

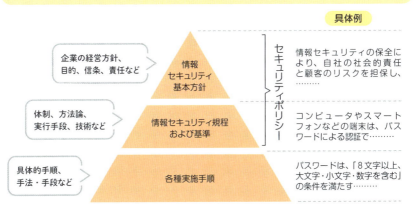

業務編

28 システムの運用管理において SLAやITILはどう使われますか？

SLAは、どのレベルでサービスを提供するかを決めるんだ。

ITILのほうは。

システムの運用管理体系ですね。

SLAはシステムのサービスレベルに関する契約です。

SLA（Service Level Agreement）とは、ITベンダーとITベンダー、ITベンダーとユーザー企業との間で交わされるシステムのサービスレベルに関する契約です。SLAには通常、システムの内容や品質（性能）、課金項目、問合せ受付時間、システム障害時の復旧時間、契約不履行時の罰則などが数値で明示されています。SLAは当初、米国大手通信事業者が導入し、その後、Webサービス事業者などにサービスを提供するハウジング、ホスティング、クラウドサービスの事業者が導入しました。

ITILは運用管理業務遂行のための体系です。

ITILは、システムの運用業務を円滑に遂行するためのシステム運用管理体系です。ITILでは、「システムの役割＝業務遂行のためのITサービス」と捉えています。その上で、ユーザーの業務上の要望を実現させるサービスサポートと、システム自体を長期的な視点で改善していくサービスデリバリーの2つによって、サービス向上を実現します。なお、ITILはあくまでベストプラクティス集であり、導入にあたっては実際の自社の業務に照らし合わせ、業務内容や組織規模などに応じてプロセスを決める必要があります。

SLA (Service Level Agreement) の例

分類	サービスレベルの項目	サービスレベルの説明	SLA
可用性	サービス時間	ユーザーが受けるサービス提供時間ただし、メンテナンス時間は除く	24時間365日
	サービス稼働率	(サービス提供時間－停止時間)÷サービス提供時間100 [%]	99.70%
	障害回復時間	障害を検知した時間から、障害が回復してユーザーがサービスを受けれるまでの時間	1時間を越えないこと
	障害通知時間	障害が発生してから、ユーザーに障害が発生したことを通知するまでの時間	30分を超えないこと
パフォーマンス	応答時間	一定時間(1時間)内の全トランザクションの95%が含まれる応答時間	3秒以内(非ピーク時)、5秒以内(ピーク時)
保全性	データ・ログの保全性	システム上のデータベース、ログの保持期間	ログ7日間、データベース31日間

ITIL (Information Technology Infrastructure Library) の体系

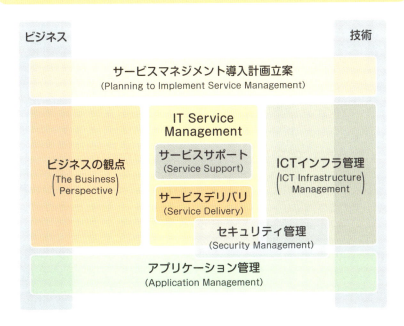

業務編

29 どうしてシステムを リプレイスするのですか？

現場のニーズに合わなくなるからですね。

どのタイミングで切り替えるのですか。

多くは、保守期限切れのタイミングだよ。

ビジネスや業務のニーズに合わなくなるからです。

　システムのリプレイスとは、稼働中の現行システムを、企業のビジネスあるいは業務の変化に応じて、新たなシステムへと作り直すことです。開発当初は、自社のビジネスや業務にフィットしていて最適なシステムも、ビジネスや業務の変化、IT技術の進化やデータ量の増加などによって、ニーズに合わなくなります。また、保守の一環としてシステムは随時修正されますが、それが続けばシステムの構造が複雑になり、使わなくなった機能も削除されないため、システムがブラックボックス化して、性能が落ちるのです。

タイミングは、保守期限切れ、技術革新などです。

　多くのユーザー企業がリプレイスを決断するタイミングは、ハードウェアやソフトウェアの保守期限切れ、業務アプリケーションのバージョンアップ、そしてITの技術革新などです。ここ数十年で言えば、「汎用機システム→C/Sシステム」「C/Sシステム→Webシステム」「C/Sシステム→クラウドシステム」といったITの技術革新に伴って、多くのシステムがリプレイスされました。なお、クラウドサービスの場合、常時バージョンアップが繰り返されているため、リプレイスの手間が減ります。

システムリプレイスの流れ

レガシーシステムの課題

出典:「企業IT動向調査」(日本情報システム・ユーザー協会)

システム開発のトレンド

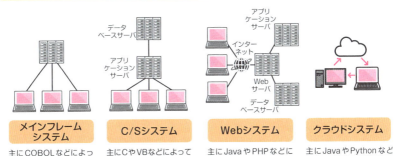

業務編

30 システムのリプレイスは、どのように進められますか？

ゼロから開発するか、現行システムを流用します。

なぜ、流用するのですか。

システム資産を活かすことができるからです。

スクラッチやシステム流用などで新システムを構築します。

　システムリプレイスでは一般に、「①現行システムを捨ててゼロから作り直す（スクラッチ開発）」「②現行システムを可能な限り活かしつつ必要な箇所を追加・変更・削除する」「③業務アプリケーションソフトを導入する（パッケージ導入）」のいずれかで新システムを構築します。構築後は、「一括移行＝システムをダウンさせて一気に切替え」「段階移行＝新旧システムを同期させて徐々に切替え」「並行移行＝新旧システムを並行稼働させた後に切替え」「パイロット移行＝一部システムを切り替えた後に全面切替え」のいずれかで切り替えます。

システム資産の扱い方の判断が重要になります。

　現行システムは、業務で使われるなかで様々なバグが修正され、機能が追加され、カスタマイズされています。リプレイスでは、こうしたシステム資産をどのように扱うかの判断が重要になります。①や③では基本的に、過去のシステム資産を捨てなくてはなりません。一方、②ではシステム資産をある程度活かせますが、すべてのプログラムを移植するのは難しいかもしれません。なお最近は、リプレイスを前提に、頻繁な変更を必要としない基幹データ層と、頻繁な変更が必要な顧客接点層に分けて設計するシステムも増えています。

システムリプレイスに伴うリスク

選んだ開発手法		抱えるリスク
スクラッチ開発		業務フローをシステム化してきた過去の資産を捨てなくてはならない
現行システムの流用		プログラムをすべて完全に移植するのは非常に難しい
パッケージ開発		要望をすべて取り入れるのは不可能である

システムリプレイスの方式

	概要	メリット	デメリット
一括移行	システムをダウンさせて一気に切替え	・リプレイス作業が一度で完了する ・移行コストを抑えられる	・システムをダウンさせる必要がある ・移行が失敗すると影響が大きい
段階移行	新旧システムを同期させて徐々に切替え	・移行失敗時の影響が小さい ・一度のリプレイス作業の時間が短い	・リプレイス完了まで日数がかかる
並行移行	新旧システムを並行稼働させた後に切替え	・運用結果の検証が容易 ・システムをダウンさせる必要がない	・新旧システムの運用に手間がかかる ・ランニングコストがかかる
パイロット移行	一部システムを切り替えた後に全面切替え	・リスクを局所化できる ・トラブル発生時の影響が小さい	・全部門で移行が成功するとは限らない

システム移行で決めるべきこと

- **移行概要**：全体的な移行方針・移行実施の目的
- **移行スケジュール**：移行開始から完了までのスケジュール・タスク順序
- **システム停止時間**：移行作業のために必要な旧システムの停止時間
- **移行対象**：移行するデータや機能などの一覧
- **移行方法**：移行にあたって採用する移行方式
- **切り戻し方法**：トラブル発生時の旧システムへの切り戻し方法
- **使用するツール**：データ移行などにおいて使用するツール
- **移行による影響・対処**：移行時において考えられるリスク・対処方法
- **移行体制**：移行時の人員配置・連絡先
- **移行テスト**：移行テストの実施範囲・環境

KEYWORD

1行でわかる 8章の重要キーワード

- **システムテスト** …………… すべてのプログラムを本番同様の環境で動作させるソフトウェアテスト
- **受入テスト** ………………… ユーザー企業の担当者がシステムを使ってみるソフトウェアテスト
- **ステージング環境** ………… ハードからソフト、データまで本番環境とほぼ同じシステム環境
- **本番環境** …………………… ハードからソフト、データまで実際の業務で使用するシステム環境
- **検収書、検収印** …………… ユーザー企業によりシステムが納品されたことを証明する書類・印鑑
- **V字モデル** ………………… システム開発におけるバグを効率的に検証するための方法論
- **W字モデル** ………………… V字モデルを改良したバグを効率的に検証するための方法論
- **システムの運用管理** ……… システムの構成、性能、障害、アカウントなどを管理する業務
- **システムの構成管理** ……… システムを構成する様々な要素を管理・メンテナンスする業務
- **IT資産管理** ………………… システムを構成する様々な要素を資産として管理する業務
- **障害対応** …………………… システムで発生した障害を発見し、原因を突き止め、対応する業務
- **障害の切り分け** …………… 人、ソフト、ハードなどに起因する障害の原因を突き止める業務
- **ミラーリング** ……………… 同じデータを同時に複数のハードディスクに保存すること
- **クラスタリング** …………… 複数のコンピュータを相互接続して1台のように振る舞わせること
- **アカウント管理** …………… システム利用ユーザーのアカウントを発行・削除・権限設定する業務
- **セキュリティ管理** ………… ポリシーに基づいて、サイバー攻撃対策を実施する業務
- **SLA** ………………………… ITベンダーとの間で結ばれるシステムのサービスレベルに関する契約
- **ITIL** ………………………… システムの運用業務を円滑に遂行するためのシステム運用管理体系
- **システムリプレイス** ……… 稼働中の現行システムを新たなシステムに再構築すること
- **スクラッチ開発** …………… 現行システムを捨てて、ゼロからシステムを作り直すリプレイス形態
- **パッケージ導入** …………… 似たような業務アプリケーションを導入するリプレイスの形態
- **段階移行** …………………… リプレイスで新旧システムを動悸させて徐々に切り替える方法
- **一括移行** …………………… リプレイスでシステムを一旦ダウンさせて一気に切り替える方法
- **パイロット移行** …………… 一部システムを切り替え、検証した後、全面的に切り替える方法

トレンド編

Chapter 9

IT業界のトレンド

- 01 オープンソース開発はなぜ増えたのですか？
- 02 運用保守のアウトソースはなぜ増えたのですか？
- 03 オフショアでの開発はなぜ増えたのですか？
- 04 コンサルとの競合はなぜ増えたのですか？
- 05 仮想化とはどのような技術ですか？
- 06 仮想化のサービスには何がありますか？
- 07 RPA、ノーコードのツールは何に使われますか？
- 08 なぜいま、第3次AIブームを迎えているのですか？
- 09 AIシステムはどのような目的で使われますか？
- 10 なぜ、ビッグデータが活用されているのですか？
- 11 DXとはどのような概念ですか？
- 12 IoT、IoTシステムとはどのような概念ですか？

> トレンド編

01 オープンソース開発はなぜ増えたのですか？

 要は、ソフトウェアのレベルが上がったのです。

なぜですか。

 世界中の開発者が協力して開発しているからです。

機能・品質・保守性のレベルアップなどが理由です。

　ここ30年ほどの間に、OS、データベース、ミドルウェア、開発環境などのオープンソース・ソフトウェア（OSS）が日常的に開発現場で使われるようになりました。かつて最先端のITエンジニアしか使ってなかったOSSをほぼすべてのITエンジニアが使うようになった背景には、いくつかの理由があります。まず、ハードウェアの値段が格段に下がり、相対的にシステム開発に占めるソフトウェア費の割合が上がったため、その費用を抑えたいというニーズが生まれたこと、そしてOSSの機能・品質・保守性などが格段にレベルアップしたことです。

OSSの利用には、様々なメリットがあります。

　実際、OSのLinux、データベースのMySQL、ミドルウェアのApacheといったOSSの質は、有償のソフトと比較しても引けを取りません。さらに、コミュニティベースでの開発なので進化のスピードが速く、世界中の人々からバグやトラブルに関する情報が得られます。そして、OSSはソースコードが公開されているため、ユーザーの要望に柔軟に対応できます。さらにソフトウェアベンダーの技術にベンダーロックインされないなどのメリットもあります。現在、多くのITベンダーが社員に対して、OSSプロジェクトへの参加を推奨しています。

オープンソースの定義

1. 再頒布の自由
2. ソースコードでの頒布の許可
3. 派生ソフトウェアの頒布の許可
4. ソースコードの完全性
5. 個人・グループに対する差別の禁止
6. 利用分野に対する差別の禁止
7. ライセンスの分配
8. 特定製品でのみ有効なライセンスの禁止
9. 他のソフトウェアを制限するライセンスの禁止
10. ライセンスの技術的中立性

オープンソース開発のメリット・デメリット

メリット
- ライセンス料が必要ない（低コスト）
- ソースコードが公開されていて、カスタマイズできる
- コミュニティが活発であれば、情報を入手しやすい
- 商用ITベンダーに縛られない

デメリット
- 不具合が見つかっても、すぐに対応してくれるとは限らない（サポート体制が万全ではない）
- ソースコードを理解していないと、修正が難しい
- 日本語ドキュメントが不足していることもある

主要なオープンソースソフトウェア

ソフト名	種類	ライセンス	提供元
Firefox	ウェブブラウザ	MPL	Mozilla Foundation
Thunderbird	メール・クライアント	MPL	Mozilla Foundation
Apache OpenOffice	統合オフィスソフト	Apache License	Apache Software Foundation
Blender	3次元CADソフト	GPL	Ton Roosendaal
Eclipse	統合開発環境	Eclipse Public License	Eclipse Foundation
Ruby on Rails	Webアプリケーション開発環境	MIT License	Rails Core Team
Samba	ファイル/プリンタ共有サーバソフト	GPL	The Samba Team
Apache HTTP Server	Webサーバソフト	Apache License	Apache Software Foundation
Postfix	メール配信サーバソフト	IBM Public License	Wietse Zweitze Venema
vsftpd	FTPサーバソフト	GPL	Chris Evans
MySQL Database Server	RDBMSソフト	GPLと有償のデュアル・ライセンス	オラクル
PostgreSQL	RDBMSソフト	The PostgreSQL License	PostgreSQL Global Development グループ
XOOPS	CMSソフト	GPL	XOOPSプロジェクト
WordPress	CMSソフト	GPL	WordPress.org

トレンド編 — IT業界のトレンド

> トレンド編

02 運用保守のアウトソースはなぜ増えたのですか？

安定収益源になるからです。

毎月、安定した売上が望めるのですね。

そのため、現在はBPOのサービスも提供しています。

安定収益や案件受託などが期待できるからです。

受託開発型ベンダーにとって、運用保守ビジネスの重要性は以前にも増して高まっています。その背景には、「新規の大規模開発案件が減ってきた」「運用管理から開発案件の受託が期待できる」「機能追加が求められるため安定収益源となる」「システム内製化でも運用の外部支援は必要となる」といった理由があります。特に大手は、運用保守に留まらず、給与計算やコールセンター運営など、一連の業務活動のアウトソーシング（外注）を請ける「ビジネス・プロセス・アウトソーシング（BPO）」のサービスも提供するようになっています。

コンサルティングファームもBPOサービスを提供しています。

ITベンダーに先んじて、BPOの分野に参入していたのが、アクセンチュアなどのコンサルティングファームです。ITコンサルは、業務の効率化に向けた調査・分析活動を通じて、業務の標準化・システム化を図り、海外のインフラやスタッフを積極的に利用することで、低コストで高品質なサービスの提供を可能にしました。一方、ITベンダーは、標準化・システム化した業務に付随するサービスを請け負う形でBPOのサービスを提供するようになります。このように、ITベンダーとITコンサルはBPOの分野でも競合しています。

運用保守の業務

サービス分類	業務種別		サービス概要
運用サービス	ヘルプデスク	定常業務	エンドユーザーからの問い合わせに応じて、簡単なシステムの使い方などを回答する業務
	問い合わせ対応	定常業務	エンドユーザーからの問い合わせに応じて、難しいシステムの使い方などを回答し、システムトラブルに対応する業務
	システム監視	定常業務	システムを構成するサーバ、ネットワーク、アプリケーションの稼働状況を主に遠隔監視する業務
	定期オペレーション	定常業務	決められたプロセスで、アプリケーションやサーバの起動・停止といった定期ジョブを実施する業務
保守サービス	障害対応	随時対応	システム障害発生時の一次切り分け、メーカーへの問い合わせ・修理依頼、バックアップからの復旧などを実施する業務
	定期点検	定常業務	サーバの稼働状況やログの確認、システムの復旧・再起動などを定期的に実施する業務
	復旧支援	随時対応	システム性が発生時におけるバックアップからの復旧を支援する業務
	レポーティング	定常業務	システム稼働状況やログなどを月次や習字で定期的にレポーティングする業務
	変更管理	随時対応	エンドユーザーからのシステムの機能変更供給に対応し、不具合発生時のシステム構成管理・本番環境への移行を実施する業務

ビジネス・プロセス・アウトソーシングの例

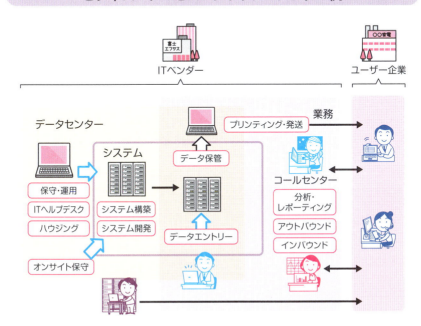

トレンド編 — IT業界のトレンド

> トレンド編

03 オフショアでの開発はなぜ増えたのですか？

国内では、コストが高く、人材も集まらないからです。

問題はなかったのですか。

当初はね。だから、体制を整備したんだ。

開発コストを抑制し、開発スタッフを確保するためです。

　オフショア開発とは、開発コストを抑制し、開発スタッフを確保するといった目的で、ベトナムやインドなどの海外事業者にプログラムの開発・テストのフェーズなどを外注することです。当初、日本企業によるオフショア開発はかなり失敗しました。失敗の原因は、多くの場合、ITベンダーとオフショア先企業とのコミュニケーション不全です。たとえば、ITベンダーが適当に作成した設計書をオフショアベンダーが適当に読み解けば、結果として、本来の要件を満たさないソフトウェアが納品されてしまいます。

自社と発注先の体制を整備し、人材を育成しました。

　オフショア開発の問題点を改善するため、多くのITベンダーが、自社と発注先の体制を整備し、人材を育成しました。オフショア開発を成功させる上での鍵となるのは、ITを理解し、両方の言語が話せるブリッジSEです。ブリッジSEが日本のITベンダーとオフショアベンダーとの橋渡しをすることで、双方の過不足ないコミュニケーションが可能になるのです。IT人材不足などを受けて、オフショア開発は現在、日本でも当たり前になっています。なお、オフショアベンダーには優秀な人材が定着しないことなどから、ニアショア開発も増えています。

オフショア開発の体制

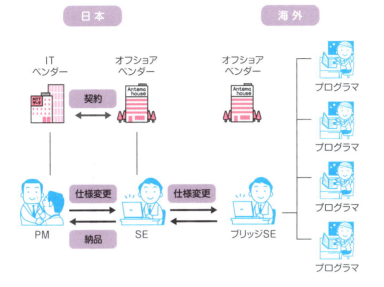

ニアショア開発のプロセス

> トレンド編

04 コンサルとの競合はなぜ増えたのですか？

コンサルが受託開発の事業に参入してきたからです。

上流から下流に参入したのですね。

ITベンダーもコンサル事業に参入してます。

コンサルが受託開発の事業に参入してきたからです。

現在、ITベンダーと業務・IT系コンサルティングファームが、ユーザー企業の業務改革やシステム開発の案件で競合するようになっています。そもそも業務・IT系コンサルティングファームは多くが、米国の大手会計事務所のコンサルティング部門から独立する形で誕生しました。彼らは、コンピュータの登場とともに会計業務のシステム化をサービスとして提供するようになり、コンサルティング部門が独立してコンサルティングファームになったのです。その後、ITベンダーを設立・買収し、現在はシステム開発の案件を手がけるようになっています。

ITベンダーもコンサルティング事業に参入しました。

一方、ERPの登場によってユーザー企業が様々な業務を統合的に管理するようになると、ITベンダーにはERPシステムの構築が求められるようになりました。しかし、ITベンダーには大規模システム構築・運用のノウハウはあっても、会計業務や業務改革のノウハウはありません。そこで、多くのITベンダーは、既存のコンサルファームを買収したり、新たなコンサルファーム設立したりすることで業務コンサルからシステム開発まで一気通貫で提供するようになったのです。その結果、ITベンダーとITコンサルは様々な案件で競合しています。

IT関連サービスを提供するコンサルティングファーム

総合
- アクセンチュア
- PwCコンサルティング
- デロイトトーマツコンサルティング
- KPMGコンサルティング
- EYアドバイザリー・アンド・コンサルティング
- ベイカレントコンサルティング
- クニエ

IT
- アビームコンサルティング
- キャプスジェミニ
- シグマクシス
- 日立コンサルティング
- 富士通コンサルティング
- スカイライトコンサルティング
- フューチャーアーキテクト
- ウルシステムズ

総研・リサーチ
- 野村総合研究所
- 大和総研
- 日本総合研究所
- 三菱総合研究所
- 三菱UFJリサーチ&コンサルティング
- みずほ総合研究所
- 富士通総研
- NTTデータ経営研究所

ITベンダーによるコンサルティングファームの買収

ITベンダー		コンサルティングファーム
日立製作所	買収 →	エクサージュ
富士通	買収 →	米Rapidigm
NEC	資本参加 →	アビームコンサルティング
IBM	買収 →	プライスウォーターハウスクーパース
NTTデータ	資本参加 →	日本キャプスジェミニ

トレンド編　IT業界のトレンド

> トレンド編

05 仮想化とはどのような技術ですか？

物理的な性質・境界を覆い隠します。

何が可能になるのですか。

柔軟な分割、集約、模倣が可能になります。

物理的な性質を覆い隠し、分割、集約、模倣を可能にします。

仮想化とは、メモリ、サーバ、ネットワーク、ストレージといったシステムを構成する要素について、その物理的な性質や境界を覆い隠し（抽象化し）、柔軟な分割、集約、模倣を可能にすることです。たとえば、サーバを仮想化すれば、1台のサーバを複数台のサーバのように動作させることが可能になり、ストレージを仮想化すれば、複数のストレージを1つのストレージとして扱えるようにできます。様々なシステム構成要素を仮想化することで、限られた物理リソースを有効活用可能になるのです。

ホストOS型、ハイパーバイザ型、コンテナ仮想化があります。

サーバ仮想化は、サーバ（ハードウェア）内のホストOS上の仮想化ソフトウェア上に仮想化環境を構築するホストOS型と、サーバ内のハイパーバイザ（仮想化するための制御プログラム）上に仮想環境を構築するハイパーバイザ型、そしてコンテナ仮想化（⇒トレンド編17）の3つに分けられます。ホストOS型は手軽に利用できる反面、ハードウェアにアクセスする際にOS・仮想化ソフトを経由するため、高速性や信頼性で劣ります。一方、ハイパーバイザー型はハードウェアを直接制御できるため、動作の安定性や高速性に優れています。

仮想化の概念

仮想化 = IT の 物理リソース の 抽象化

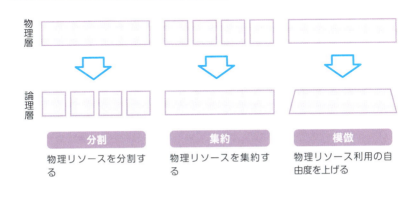

仮想化によって可能になること

分割	集約	模倣
物理リソースを分割する	物理リソースを集約する	物理リソース利用の自由度を上げる

ホストOS型とハイパーバイザ型

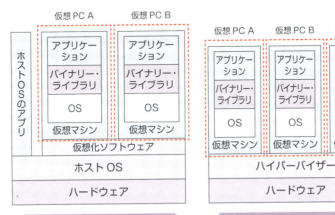

ホストOS型
仮想化ソフトウェアがホスト OS の上に載る

ハイパーバイザー型
ハードウェアの上に直接、ハイパーバイザーが載る

トレンド編 ― IT業界のトレンド

トレンド編

06 仮想化のサービスには何がありますか？

ハウジングやクラウドサービスが代表例だね。

ほかに、よく見るサービスは。

VLANだね。あと、デスクトップ仮想化もあるよ。

クラウドはサーバ・ストレージ仮想化で実現されます。

　現在、サーバやストレージなど、様々なITリソースを仮想化することでサービスが提供されています。たとえば、情報システムのインフラを支える、ハウジング、クラウドサービスといったサービスは、サーバ仮想化とストレージ仮想化によって実現されています。すなわち、インターネットの向こうにある1つのストレージを分割したり、複数のサーバを1つのサーバとして利用したりすることで、リソースの柔軟な利用、障害発生時のサービス提供、運用管理の手間の削減、ひいてはコスト削減を実現しているのです。

ネットワーク、メモリなども仮想化の対象です。

　ネットワーク仮想化の最も一般な利用例はVLAN（バーチャルLAN）です。VLANでは、物理的なネットワーク構成に縛られることなく、LANを構築できます。たとえば、既存のLANを部署ごとに仮想的に分割することで、一部の部署のセキュリティレベルを上げるなどのソリューションが可能になります。このほか、「メモリ仮想化＝柔軟なメモリ利用」「アプリケーション仮想化＝端末・OSに縛られないアプリケーション利用」「デスクトップ仮想化＝サーバ上のデスクトップ環境のPC利用」なども可能になります。

仮想化技術の応用例

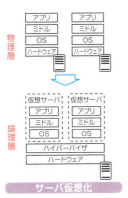

サーバ仮想化
複数のサーバを1つのサーバとして利用

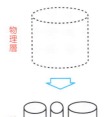

ストレージ仮想化
1つのストレージを複数のストレージとして利用

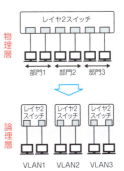

ネットワーク仮想化
1つのネットワークを複数のネットワークとして利用

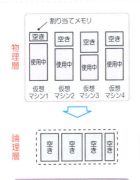

メモリ仮想化
バラバラに存在する空きメモリをまとめて利用

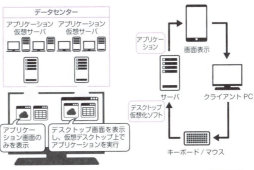

アプリケーション仮想化
端末やOSに縛られずに、アプリケーションを利用

デスクトップ仮想化
端末やOSに縛られずに、デスクトップ環境を利用

代表的な仮想化ソフトウェア

ホストOS型	
ソフトウェア	開発元
Xen	Xenコミュニティ
Vmware ESX、ESXi、vSphere	VMWare
Hyper-V	マイクロソフト
KVM	Linuxコミュニティ

ハイパーバイザー型	
ソフトウェア	開発元
Vmware Server、Workstation、Player、Fusion	VMWare
Virtual PC、Server	マイクロソフト
VirtualBox	オラクル
Parallels Workstation、Desktop	パラレルス

トレンド編 ―IT業界のトレンド

> トレンド編

07 RPA、ノーコードのツールは何に使われますか？

RPAツールは定型的な事務作業の自動化です。

ローコード、ノーコードは？

簡単なアプリケーションの開発が可能だよ。

RPAツールにより、定型的な事務作業の自動化が可能です。

RPA（Robotic Process Automation）とは、定型的な事務作業を自動化することです。RPAツールは、人手によるPC操作の作業をシナリオに落とし込み、シナリオに基づいてコンピュータが自動で業務を遂行するためのソフトウェアです。RPAツールには通常、ルールエンジン、HTML解析、画像認識などの機能が搭載されており、画面上の座標指定も可能です。たとえば、データ入力、コピー＆ペースト作業などがRPAツールの対象となります。RPAツールの設計・開発は一般に、ITベンダーや情報システム部門が担当します。

ローコード、ノーコードは簡単にアプリを開発できます。

ローコードツール、ノーコードツールとは、ブロックの組み合わせなどの簡単な操作で、プログラムと同様のアプリケーションを開発可能な開発環境です。ローコードツールはマクロ程度のコードを書くのに対し、ノーコードは基本的にコードを書きません。ローコード・ノーコードツールでは通常、情報システム部門の支援の下、エンドユーザーがアプリ開発を担当します。RPAツール、ローコードツール、ノーコードツールは、人手不足、働き方改革の流れを受けて、金融機関を中心に導入が始まり、現在は様々な産業で活用されています。

主要なRPAツール

製品・サービス	提供元	動作環境	特徴
WinActor	NTTデータ	PC、サーバ	録画方式またはコマンドによって定型業務を自動化するツール。記録した手順はフローチャートとして自動保存
BizRobo!	RPAテクノロジーズ	PC、サーバ	定型業務を自動化するロボットのレンタルあるいは提供するRPAソリューション
Blue Prism	SS&C	サーバ	定型業務を自動化するロボットを開発するRPAツール。一連の処理をフローチャート形式で設定する
UiPath	UiPath	PC、サーバ	録画方式またはコマンドによって定型業務を自動化するツール。画面の要素を分析して関連付けが可能になる
NICE APA	ナイスジャパン	PC、サーバ	紙文書の情報をデータ化するOCR機能、データを収集してPC画面上に集約表示する機能を備える
Pega Robotic Process Automation	ペガジャパン	PC、サーバ	業務アプリやAIなどと連携可能。ユーザーのPC作業をモニタリングして自動化可能な作業を分析するサービスも提供
Robot Staff	Sprout up	PC、サーバ	毎月10時間分のPC作業を自動化できる「派遣型」と、月額料金固定の「常駐型」という2種類のサービスを提供
Automation Anywhere Enterprise	オートメーション・エニウェア	PC、サーバ	録画方式またはコマンドによって定型業務を自動化するツール。ワークフローの設定により複数のロボットを連携可能

主要なノーコードツール、ローコードツール

製品・サービス	提供元	動作環境	開発方式
kintone	サイボウズ	クラウド	アプリを開発し、コミュニケーションスペースを作成することで、自社のシステムを開発できるツール。他システムとの連携も容易
CELF	SCSK	サーバ、クラウド	ブロックを組み合わせることで、アプリケーションやRPAツールを開発できるツール。無料の学習プログラムも提供されている
Web Performer	キヤノンITソリューションズ	サーバ、クラウド	システム開発現場向けのウェブアプリケーション開発ツール。ノンプログラミングでJavaベースのシステムの構築が可能
UnitBase	ジャストシステム	サーバ、クラウド	ドラッグ＆ドロップやExcelファイルの取り込みなどにより、さまざまな業務システムを開発できるツール
Wagby	NCD	サーバ、クラウド	設計書からウェブベースの業務システムを自動生成するツール。業務ルール、画面、データベーススキーマなども自動生成

従来型開発とノーコード・ローコード開発

従来型開発: 要件定義 → 基本設計 → 詳細設計 → プログラミング → 単体テスト → 結合テスト → 運用・保守

人手による開発

人手による開発＋ツールによるコードの自動生成

ノーコード・ローコード開発: 要件定義 → ノーコード・ローコード開発 → 結合テスト → 運用・保守

トレンド編　IT業界のトレンド

> トレンド編

08 なぜいま、第3次AIブームを迎えているのですか？

機械学習、深層学習の進化が原動力です。

生成AIは？

それも、機械学習、深層学習がベースとなっています。

機械学習、深層学習、生成AIが原動力となっています。

1960年代の第1次ブーム、1990年代の第2次ブームを経て、現在IT業界は第3次AIブームを迎えています。第3次ブームの原動力となっているのが、機械学習と、機械学習の1つの手法である深層学習（ディープラーニング）です。機械学習は、人間が判断のポイントとなる特徴点（モデル）を与え、そこから学んだルールや知識に基づいて正しい答えをアウトプットします。一方、深層学習では、人間が特徴点を教えることなく、データからAIが特徴点を自動抽出し、そこから学んだルールや知識に基づいて結果をアウトプットします。

教師あり、教師なし、強化学習などに分類可能です。

深層学習・生成AIのベースである機械学習はまた、教師あり学習、教師なし学習、半教師あり学習、強化学習に分類できます。それぞれ、教師あり学習では「正解となる入力・出力データから入力と出力の関係を学習」し、教師なし学習では「入力データの構造・特性のみから入力と出力の関係を学習」し、半教師あり学習では「教師あり学習と教師なし学習の両方のアプローチで学習」し、強化学習では「与えられた環境から自ら入力と出力の関係を学習」します。機械学習の用途に応じて、どのアプローチを採るべきかを決めるのです。

人工知能、機械学習、深層学習の関係

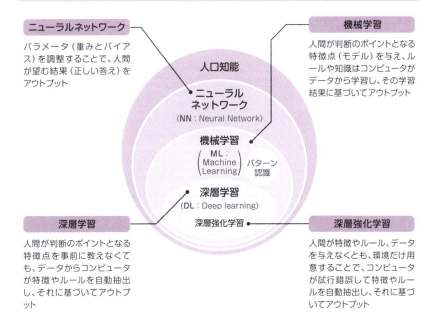

教師あり、教師なし、半教師あり学習の関係

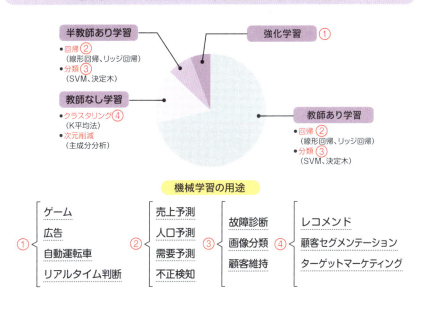

> トレンド編

09 AIシステムはどのような目的で使われますか？

医療診断、不良品検出など、用途は様々だよ。

すぐに開発を始めるのですか。

通常は、事前にPoCを実施します。

診査や診断、検出や検知、予測などに使われます。

　現在、様々な業界において、AIシステムの導入が進んでいます。すでに実用化されているのは、機械学習のアルゴリズムを利用した与信審査や医療診断、スパムメール検出や不正検知、金融市場予測や混雑予測などのほか、画像認識や音声認識や自然言語処理などを活用したサービスです。それぞれ、画像認識は工場の不良品検出や高齢者の見守りなど、音声認識は議事の書き起こしや感情分析、自動応答（チャットボットなど）など、自然言語処理は機械翻訳やクチコミ分析などに利用されています。

AIシステムの開発前には、PoCを実施します。

　AIシステムの開発にあたっては通常、開発前に、PoC（Proof of Concept、概念実証）と呼ばれる「コンセプト＝期待通りの成果が得られるか」を検証するプロジェクトを実施します。PoCを実施するのは、AIの活用で業務での使用に耐える精度の結果が得られるかを判断するためです。PoCのプロジェクトでは、最小限の規模のシステムを短期間で試作し、現場のスタッフなどが使ってみることで、本格的に開発するかを判断します。なお、PoCばかりを繰り返し、本プロジェクトに移行できない状態は「PoC貧乏」などと呼ばれます。

AIシステムの様々なサービス

活用技術 \ 活用空間	インターネット上のサービス	リアルなサービス			
機械学習	最適提案 ● レコメンド ● FAQ	スマート農業	サービス・商品の需給予測	与信審査	設備の稼働状況管理
	不正検知 ● 不正送金 ● 迷惑メール ● 悪質案件 ● 不正出品物	混雑予測			
画像認識	指紋認証	不良品の検出	顧客属性推定	健康情報管理	監視
		高齢者の見守り	自動運転	コミュニケーション ● 娯楽 ● 介護 ● 英会話 ● 商品案内	
音声認識		話者の認識	書き起こし		感情分析
自然言語処理	自動応答 (チャットボット) 機械翻訳	AI翻訳 口コミ分析	知識支援 ● FAQ候補の提示		

トレンド編 ーIT業界のトレンド

PoCのプロセス

> トレンド編

10 なぜ、ビッグデータが活用されているのですか？

データを分析する環境が整備されたからです。

どのような用途で使われますか。

リスク分析、顧客分析など様々ですね。

IT技術などの進化で分析環境が整備されたからです。

　インターネットサービスやソーシャルメディアの利用拡大、情報システムやIoTシステムの普及などによって、現在、様々な企業・団体に「ビッグデータ＝多種多量のデータ」が蓄積されるようになりました。こうしたビッグデータを活用する試みに、現在、注目が集まっています。ビッグデータ活用の背景にあるのは、膨大なデータを処理するためのIT技術や分析手法やAIなどが進化し、データ利用が可能になる環境が整備されたことです。ビッグデータの有効活用は、現在、企業の競争力を左右すると言われています。

多様な用途での活用が期待されています。

　現在、よく活用されているビッグデータには、企業間取引データ、SNS上のつぶやき、各種センサーを通じた人や機械の動きなどがあります。こうしたデータは、金融業における不正やリスクの分析、小売業におけるプロモーションや顧客分析、製造業における品質や需要の調査、公共分野におけるエネルギー消費や地震データの予測など、多様な用途での活用が期待されています。データ分析にあたっては、データウェアハウスなどで、データの蓄積・加工・集計・可視化することが求められます。

ビッグデータの例

マルチメディアデータ
ウェブ上の配信サイトにおいて提供等される音声、動画

ソーシャルメディアデータ
ソーシャルメディアにおいて参加者が書き込むプロフィール、コメント

ビッグデータ
ICT（情報通信技術）の進展により生成・収集・蓄積が可能・容易になる多種多量のデータ（ビッグデータ）を活用することにより、異変の察知や近未来の予測を通じ、利用者個々のニーズに即したサービスの提供、業務運営の効率化や新産業の創出が可能

カスタマーデータ
CRMシステムにおいて管理される販促データ、会員カードデータ

オフィスデータ
オフィスのパソコンにおいて作成されるオフィス文書、Eメール

ウェブサイトデータ
ECサイトやブログにおいて蓄積される購入履歴、ブログエントリー

センサーデータ
GPS、ICカードやRFIDにおいて検知される位置、乗車履歴、温度、加速度

オペレーションデータ
販売管理の業務システムにおいて生成されるPOSデータ、取引明細データ

ログデータ
ウェブサーバにおいて自動的に生成されるアクセスログ、エラーログ

ビッグデータ分析のプロセス

ビッグデータ

データの蓄積
業務データ、SNSデータ、アクセスログデータなどを蓄積

データの加工
重複データや不要データを削除し、データを正規化

データの分析
データの分析軸を設定し、分析モデルを構築。集計したデータを可視化して、分析する

課題の発見

傾向・特徴を掴み、課題を特定
データ分析から傾向や特徴を把握して、ボトルネットくなっている課題を特定する

課題の解決

課題改善に向けて、解決策を立案
業務の自動化や高度化などによる課題解決につながるプランを立案する

価値の創造

解決策を実行し、PDCAを回す
解決策を実行して、その結果を検証。さらなる改善につなげる

トレンド編

11 DXとはどのような概念ですか？

最新のITによるビジネス変革だよ。

どうすれば、実現できますか。

レガシーシステムが実現の障害になります。

デジタルプラットフォームを利用したビジネス変革です。

　デジタルトランスフォーメーション（DX）とは元々、スウェーデンのウメオ大学の教授であるエリック・ストルターマン氏が提唱した「IT（情報技術）の浸透が、人々の生活をあらゆる面でより良い方向に変化させる」という比較的あいまいな概念です。それを、IDCやガートナーといったIT調査会社などが、企業向けに「デジタルプラットフォームを利用したビジネス変革」とアレンジして打ち出したことから、近年、急速に注目されるようになってきました。現在、様々な業界の企業が自社のDXプロジェクトを推進しています。

レガシーシステムはDX実現の障害となります。

　DXが注目されるようになった背景にあるのは、「多くの既存企業では、既存の情報システムがレガシー化し、クラウド、ビッグデータ/アナリティクス、ソーシャル技術、AI/生成AIといったITの進化に追い付いていない」という企業の状況です。レガシーシステムが、競争力強化、ビジネスモデルの改変、新たなビジネスモデルの構築の足かせとなっているのです。日本政府もこうした事態に危機感を抱いており、経済産業省は「2025年の崖」というレポートを公開し、「DX白書」を発表するなど、警鐘を鳴らしています。

デジタルトランスフォーメーションの考え方

エリック・ストルターマン教授の考え方
ITの浸透が、人々の生活をあらゆる面でより良い方向に変化させる

⬇

企業における考え方
ITを使って、ビジネス・組織・業務のあり方、生活や働き方を変革する

⬇

企業のビジネス・組織・業務
- ビジネスモデル
- 組織・体制
- 業務プロセス
- データ収集・分析
- 製品・サービス
- 営業活動
- 事務作業
- など

×

IT
- 人工知能
- ロボティクス
- IoT
- セキュリティ技術
- クラウドサービス
- ビッグデータ
- モビリティ
- SNS
- など

⇒

企業にとっての価値
- 新規事業の創出
- 新製品・サービスの創出
- ビジネスモデルの変革
- 顧客体験価値の向上
- 事業スピードの向上
- コストの削減
- 業務の自動化・効率化
- 働き方改革の実現
- 顧客接点業務の高度化
- など

DXの実践例（経済産業省の法人データ交換基盤）

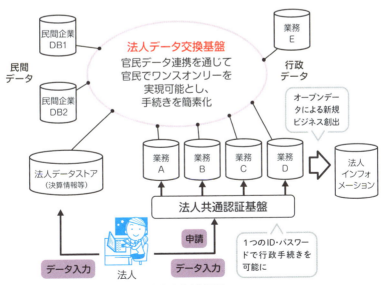

出典：経済産業省資料

トレンド編 ― IT業界のトレンド

トレンド編

12 IoT、IoTシステムとはどのような概念ですか？

モノ同士が自律的に情報をやり取りします。

何が可能になるのですか。

様々な知見が得られます。

すべてのモノがインターネットを介してつながります。

　IoT（Internet of Things、モノのインターネット）とは、「すべてのモノがインターネットを介してつながるようになる」という概念です。IoTでは、情報端末だけでなく、家電や自動車、住宅や事務所、ICタグや産業機器・設備といったモノ同士の自律的なやり取りによって得られたデータを情報システムに蓄積・分析・学習して、その知見を現実世界にフィードバックします。なお、IoTと近い概念とされるM2Mは、モノ同士の自律的なやり取りを正確かつリアルタイムな制御につなげる概念であり、工場内や車内などの閉じた空間で使われます。

IoTシステムは通常、5層構造で構成されます。

　IoTシステムは通常、各種センサーが組み込まれた機器・設備（センサデバイス層）、センサーからのデータを取得する情報デバイス（デバイスネットワーク層）、インターネット（層）、データを蓄積するサーバ（IoTシステムサーバ層）、データを分析・学習するシステム（IoTシステムアプリケーション層）で構成されます。IoTシステムによって、現在、倉庫における位置情報の取得、コンテナ内における温湿度の管理、店舗内の顧客動線分析、住宅の不審者検知、渋滞状況の配信、光量・CO_2濃度を制御した農業など様々なサービスが提供されています。

IoTの概念

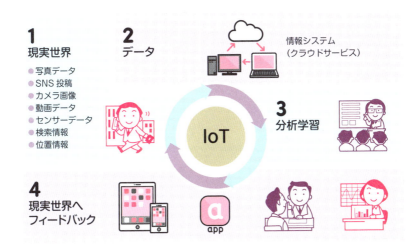

IoTシステムの構成（例：工場）

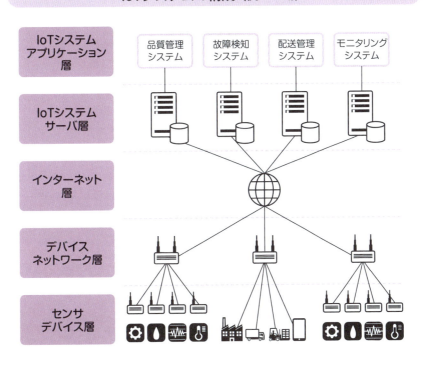

KEYWORD

1行でわかる 9章の重要キーワード

- **オフショア開発** …………………… 海外の事業者にプログラムの開発・テストのフェーズを外注すること
- **ブリッジSE** ………………………… オフショア開発において、ITを理解し、両方の言語がわかるSEのこと
- **ニアショア開発** …………………… 海外ではなく、日本の遠隔地にプログラムの開発を外注すること
- **仮想化** ……………………………… システム構成要素を抽象化し、分割・集約・模倣を可能にすること
- **ホストOS型** ………………………… ホストOS上の仮想ソフトウェア上に仮想環境を構築する仮想化の形態
- **ハイパーバイザ型** ………………… サーバ内のハイパーバイザ上に仮想環境を構築する仮想化の形態
- **VLAN** ………………………………… 仮想化により、柔軟な構成を可能にしたネットワーク
- **RPA** …………………………………… ホワイトカラーなどの定型作業を自動化すること、そのツール
- **ローコード、ノーコード** ………… 簡単な操作とマクロでアプリケーション開発を可能にする開発環境
- **機械学習** …………………………… 人間が与えた特徴点から学んだルールや知識に基づいて回答する手法
- **深層学習** …………………………… 自ら抽出した特徴点から学んだルールや知識に基づいて回答する手法
- **教師あり学習** ……………………… 正解となる入力・出力データから入力と出力の関係を学習する手法
- **教師なし学習** ……………………… 入力データの構造・特性のみから入力と出力の関係を学習する手法
- **半教師あり学習** …………………… 教師あり学習と教師なし学習の両方のアプローチで学習する手法
- **強化学習** …………………………… 与えられた環境から自ら入力と出力の関係を学習する手法
- **PoC** …………………………………… 「コンセプト＝期待通りの成果」が得られるか検証するプロジェクト
- **ビッグデータ** ……………………… ネットやSNSなどを通じて得られる多種多様で膨大な量のデータ
- **DX** ……………………………………… デジタルプラットフォームを利用したビジネスモデルや業務の変革
- **IoT** …………………………………… すべてのモノがインターネットを介してつながるようになる概念
- **M2M** ………………………………… 工場内や車内などの閉じた空間においてモノ同士がつながること

トレンド編

Chapter 10

IT業界の 新しいながれ

- 13 X-Tech とはどのようなサービスですか？
- 14 リーン・スタートアップはなぜ注目されているのですか？
- 15 アジャイル開発と DevOps はなぜ増えているのですか？
- 16 生成 AI やコード生成 AI はなぜ注目されているのですか？
- 17 コンテナ仮想化の利用はなぜ増えているのですか？
- 18 クラウドへの移行はどのように進められますか？
- 19 マイクロサービスとはどのような概念ですか？
- 20 サーバレスとはどのような概念ですか？
- 21 クラウドサービスの普及はどのような影響を与えますか？
- 22 IT 人材は今後不足するのですか？

> トレンド編

13 X-Techとはどのようなサービスですか？

新しいIT技術とビジネスモデルを組み合わせます。

何が重要になるのですか。

顧客価値の追求ですね。

既存産業での新しいITとビジネスモデルを組合せです。

X-Tech（クロステック、エクステック）とは、既存の産業において新しいIT技術とビジネスモデルを組み合わせることで、新たなプロダクトやサービス、ビジネスを生み出す取り組みです。現在様々な業界では、IoTやAIといったIT技術と、フリーミアムやシェアリングエコノミーといったビジネスモデルを組み合わせることで新たな事業が誕生しています。特に、金融や広告、農業や教育といった業界では、既存事業者のビジネスモデルを破壊するような大きなイノベーションが起こりつつあります。

顧客にとっての本質的な価値を追求する必要があります。

近年、様々な業界においてX-Techの事業が次々と生み出されるようになった背景には、「既存の業界においてイノベーションが求められている」ことに加えて、「仮想化技術の進化でITリソースの調達コストが下がり、利用のハードルが下がった」「スマートフォンやタブレットなどの普及で顧客接点が増えた」「分散処理技術やAIの利用によってデータ処理能力が向上した」ことがあります。ただし、イノベーションを成功させるには、業務効率化やリソースの有効活用、価格引下げといった、顧客にとっての本質的な価値を追求する必要があります。

未来編　IT業界の新しいながれ

X-Tecの考え方

インターネット スマートフォン Ioto センサー ソーシャル・ネットワーク クラウドコンピューティング ビッグデータ・データ分析 人工知能（AI） ロボティクス ブロックチェーン サイバーセキュリティ	×	インターネット スマートフォン Ioto センサー ソーシャル・ネットワーク クラウドコンピューティング ビッグデータ・データ分析 人工知能（AI） ロボティクス ブロックチェーン サイバーセキュリティ

⇨

X-Techの事例

Retailtech　不動産
- マッチング
- シェア
- 物件情報
- 住宅ローン
- 価格可視化/査定
- 業務支援
- 建物管理

Agritech　農業
- モニタリングシステム
- センサーシステム
- ロボット/ドローン
- 植物工場
- 農業ノウハウ共有

Cleantech　環境
- リサイクル
- 消費エネルギー分析
- 冷却データセンサー

Adtech　広告
- アドサーバー
- アドネットワーク
- アドエクスチェンジ
- データ取得支援
- チャンネル管理
- 顧客データ管理
- コンテンツ管理
- データ分析

Foodtech　フードサービス
- デリバリー
- レシピ
- スマートレジ
- 予約システム
- 食材廃棄量管理
- 自動調理

Fashtech　アパレル
- ECプラットフォーム
- フリマアプリ
- ファッションレンタル
- クローゼット

Fintech　金融
- 決済
- 送金
- 仮想通貨
- クラウドファンディング
- ソーシャルレンディング
- レンディング
- PFM（個人財務管理）
- 企業経理支援
- 投資
- 運用
- 金融情報
- 保険（Insuretech）

Retailtech　小売
- 無人店舗
- 物流ロボット
- オンデマンドフルフィルメント
- 店頭販売サポート
- 決済
- O2O
- オムニチャネル

HRtech　人材
- インターン
- リファラル採用
- メディア
- 転職支援
- 採用管理
- 適正診断
- 勤怠
- 人材管理
- 情報共有

Legaltech　法律
- 手続きサポート
- クラウド契約
- 機密情報復元/解析
- 法律業務代行
- 法律相談
- 賠償金請求
- 法律データベース

Medtech　医療
- ロボット
- ゲノム
- 検索サイト
- 医療メディア
- 電子カルテ
- カウンセリング
- 服薬管理
- 法人向け
- 栄養管理
- 健康状態管理（Healthtech）

Autotech　自動車
- 無人運転
- 電気自動車
- 地図情報
- ライドシェア
- 空飛ぶ車

Sportstech　スポーツ
- コンテンツ
- スマートスタジアム
- データ分析
- トレーニング

Edtech　教育
- 基礎学力向上コンテンツ
- 語学関連コンテンツ
- その他コンテンツ
- 教員用ツール
- ハイテク教材
- テクノロジー学習

Cotech　建設
- 無人建機
- 建設ロボット
- マッチング
- 中古建機売買
- 教材関連
- 建設AI
- インフラ診断

> トレンド編

14 リーン・スタートアップはなぜ注目されているのですか？

プロダクト・サービスの成否を早期に見極められます。

どうやって見極めるのですか。

最低限のプロダクト・サービスを作って、使ってもらいます。

顧客の反応を見て、コストをかけずに軌道修正できます。

　リーン・スタートアップとは、実際のプロダクト・サービスを開発する前に、まずは「実用に足る最低限のプロダクト・サービス＝MVP（Minimum Viable Product）」を開発し、想定顧客に提供してその反応を観察し、利用データを分析することで、成功するか否かを早期に見極める試みです。実施の結果、プロダクトやサービスの成功が難しそうな場合、改良したり、ビジネスモデルを変えたりします。リーン・スタートアップには、あまりコストをかけずに軌道修正できる、リスクを最小限に抑えられるなどのメリットがあります。

リーンという思想はトヨタ生産方式に端を発します。

　そもそもリーンという思想は、トヨタ自動車の副社長だった大野耐一が体系化したトヨタ生産方式（TPS）に端を発します。TPSは米国のMIT大学のジェームズ・ウォマックらによって研究され、リーン生産方式へと進化します。それがさらに、プロダクト開発、ソフトウェア開発に応用されることでリーン製品開発やアジャイル開発手法のリーンが誕生しました。そして、エリック・リースが自らビジネス開発方法論とTPSとの間に「ムダを削除する」という共通点を見出して、リーン・スタートアップと名付けたのです。

トヨタ生産方式の系譜

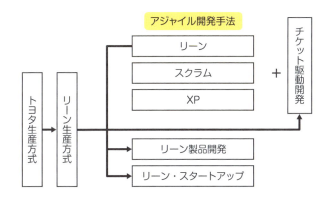

TPS、リーン生産方式、リーン製品開発

名称	概要	提唱者
トヨタ生産方式	ムダを徹底的に排除するという思想の下、カンバン方式、5S、見える化などにより、「ジャスト・イン・タイム」と「自働化」を実現	大野耐一
リーン生産方式	トヨタ生産方式とトップダウンによるシステムとの融合によって、部分最適的なアプローチだけでなく、全体最適的なアプローチによってムダ取りを追求	ジェームズ・ウォマック、ダニエル・ジョーズ
リーン製品開発	製品開発終盤で発生する仕様変更による手戻りを防ぐため、開発当初は複数の設計プランによる開発を進めながら、最も適切な設計案を絞り込む	アレン・ウォード、デュワード・ソベック

リーン・スタートアップ

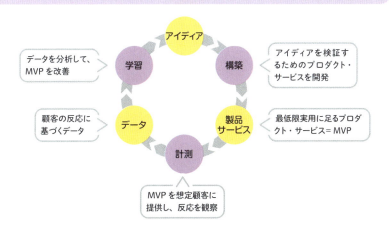

> トレンド編

15 アジャイル開発とDevOpsはなぜ増えているのですか？

検証しながら開発を進められます。

それはメリットなのですか。

ビジネス環境の変化に対応するためです。

「設計→開発→検証」を繰り返しながら進められます。

アジャイル開発とは開発チームと顧客が連携してイテレーションと呼ばれる短い開発期間で「設計→開発→検証」を繰り返しながら少しずつシステム開発を進めていく開発方法論です。アジャイル開発には、XP、スクラム、リーンという3つ手法があります。それぞれ、XPではベストプラクティスの実施によるリスクの回避、スクラムではフレームワークに基づく開発と自律性、トヨタ生産方式をベースとするリーンでは「ムダをなくす」「品質を作り込む」「人を尊重する」の考え方が重視されます。

システムが複雑化し、環境が変化しているからです。

DevOpsとは、開発チームと運用チームが連携しながらアジャイル開発の方法論でシステムを開発するという考え方です。DevOpsは、開発手法というよりは概念であり、厳密な定義はありません。近年、受託開発においてもアジャイル開発やDevOpsを提案するITベンダーが増えている背景には、システムが複雑化し、ビジネス環境が急速に変化していることがあります。このような環境下では、利用可能なシステムを早期に小さく構築し、徐々に改良していくアプローチが有効です。ただし、いずれもクライアントの協力が必須となります。

アジャイル開発の進め方

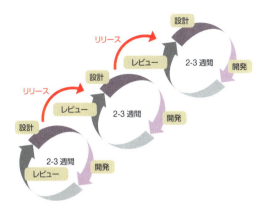

アジャイル開発の代表的な手法

手法	概要	提唱者
XP (Extreme Programming)	ソフトウェア開発技術のベストプラクティスのいくつかを極端に実施してリスクを回避する手法	Kent Beck など
スクラム (Scrum)	開発マネジメントのフレームワークを提供し、チームを自律的に動かすための場を作る手法	Ken Schwaber、Jeff Sutherland など
リーン (LeanSoftware Development)	トヨタ生産方式をベースにした原則に基づいて、具体的なプラクティスを生み出す手法	Mary Poppendiek など

DevOpsの考え方

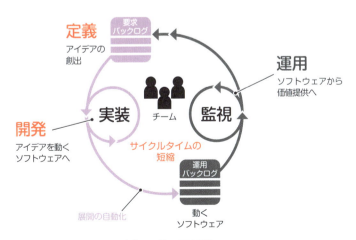

出典:マイクロソフト資料

未来編 ― IT業界の新しいながれ

205

> トレンド編

16 生成AIやコード生成AIはなぜ注目されているのですか？

出力コンテンツの精度が向上したからです。

プログラミングにも使えるみたいですね。

プログラムやテストデータを生成できるよ。

注目された理由は、精度の向上と継続的な学習です。

　生成AI（Generative AI、ジェネレーティブAI）とは、様々なコンテンツを生成できるAIです。従来型AIが学習済みデータから適切な回答を探して提示するのに対して、生成AIは学習済みデータのパターンや関係性から新しいコンテンツを生成します。生成AIは、2023年にOpenAIがChatGPTを公開すると一気に注目が集まりました。注目された理由は、精度の向上と継続的な学習です。ChatGPTは、膨大なデータを継続的に学習することで、精度の高いコンテンツ（テキスト、画像、音声、音楽、動画など）を迅速かつ容易に出力できるのです。

プログラムやテストデータの生成にも使われています。

　現在、システム開発の現場において、プログラムコードやテストデータの生成に生成AIが活用されるようになっています。たとえば、プログラムで実行したい処理を設計し、設計に基づいてプロンプト（自然言語の命令文）で処理内容や要件を生成AIに入力すれば、コードが生成されます。プログラマは生成されたコードを調整・修正することで、コーディング時間の大幅な削減が可能です。現在、ChatGPTのほか、Gemini（Google）、GitHub Copilot（GitHub）、CodeWhisperer（Amazon）など、様々なコード生成AIが使われています。

生成AIを提供する主な企業

企業	基盤モデル	テキスト生成	画像生成	動画生成	音声・音楽生成	スライド生成	コード生成	3Dモデル生成	翻訳
OpenAI	GPT	ChatGPT	DALL-E		Whisper/Jukebox		Code Interpreter	Point-E	ChatGPT
Microsoft	GPT	Bing AI	Bing Image Cretator		Valle-e/(Suno)		Copilot	Rodin	Microsoft Translator
Google	Gemini	Gemini	Imagen	Lumiere/VideoPoet	Chirp/MucicLM	Google Slide		Duet AI for Developers	Google Translator
Meta	Meta AI	Llama	Imagen	Make-A-Video	Voicebox/Videocrft		Code Llama	Make-A-Video3D	NLLB-200
Amazon	Amazon Titan	Amazon Titan text	Amazon Ad Console		Amazon Polly		Amazon Code Whisperer		
NVIDIA	NVIDIA NeMO	NeMo LLM	eDiffi	Video Latent Diffusion Model (VideoLDM)	NVIDIA* Riva			Magic3D/NVIDIA GET3D	
IBM	IBM watson/基盤モデル「granite」	IBM AI Commentary					Watsonx Code Assitant		IBM Watson Language Translator
Apple		Ferret			Live Speech/AI Music			Object Capture	
Stability AI	Stable Diffusion XL	StableLM	Stable Diffusion	Stable Video Diffusion	Stable Audio		Stable Code	Stable Zero	
Adobe	Adobe Sensei GenAI		Adobe Firefly		Project Sound Lift			Substance 3D Sampler	

主なコード生成AI

生成AI	提供企業	プラン	対応するプログラミング言語
ChatGPT	OpenAI	Plus、Team、Enterprise	Python、Java、JavaScript、C++、C# など
Gemini	Google	Ultra、Pro、Nano	Python、Java、C++、C#、Go など
GitHub Copilot	GitHub、OpenAI	Individuals、Business	Python、Java、JavaScript、C++、Ruby など
Code Llama	Meta		Python、C、Java、PHP、TypeScript など
Amazon CodeWhisperer	Amazon	Individual Tier、Professional Tier	Java、Python、JavaScript、TypeScript、C# など
Copilot	Microsoft		Python、Java、JavaScript、C++、Ruby など
Visual Studio IntelliCode	Microsoft		C#、C++、Java、SQL、XAML など
Tabnine AI	Tabnine	Basic、Pro、Enterprise	Python、JavaScript、Java、C++、Ruby など
AI Programmer	ASReal、HashLab		SQL、Python、JavaScript、HTML、CSS など

17 コンテナ仮想化の利用はなぜ増えているのですか？

 サーバ仮想化はリソースを使用し過ぎるんだ。

コンテナ仮想化だと、大丈夫なんですか。

 搭載するのはOSの一部機能だからね。

サーバ仮想化のデメリットを避けるために誕生しました。

　従来のサーバ仮想化には、仮想化ソフトウェア上の仮想マシンやゲストOSがメモリやサーバのリソースを使用し過ぎるというデメリットがありました。こうしたデメリットを避けるために誕生したのが<u>コンテナ仮想化</u>です。コンテナ仮想化では、コンテナエンジン上にOSの一部機能を搭載することで「仮想的なユーザー空間＝コンテナ」を構築します。コンテナ仮想化では、コンテナ管理ソフトウェアでサーバOSが仮想化されるため、アプリケーションの実行環境を管理する際にOSの管理が不要になります。

システム開発に必要な時間を大幅に削減できます。

　コンテナ仮想化では、仮想マシンとゲストOSを立ち上げる必要がないため、起動時間が短く、メモリやサーバの負荷も小さくなります。また、コンテナ内の環境をパッケージとして保存・移行でき、コンテナ内でほぼすべてのシステム環境を構築できるため、システム移行の時間を大幅に削減できます。ただし、仮想化された各コンテナはホストOSの一部を共有して稼働するため、基本的にすべてのOSはホストOSと同一です。また、別のコンテナにおける負荷やセキュリティの影響を受けやすいなどのデメリットもあります。

ハイパーバイザ型仮想化とコンテナ仮想化

コンテナ仮想化のメリット・デメリット

メリット
- 負荷が小さく、高速な動作とコスト削減が可能
- 環境構築に必要な時間を大幅に削減可能
- ほぼすべてのシステム環境で利用可能

デメリット
- OSを共有するために、コンテナ内で別々のOSを個別に利用できない
- ベースとなるOSは変更できない
- 別のコンテナにおける負荷の影響、セキュリティの影響を受けやすい

コンテナエンジンとオーケストレーションツール

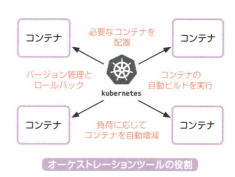

未来編 — IT業界の新しいながれ

トレンド編

18 クラウドへの移行はどのように進められますか？

一般的なのはリフト&シフト方式だよ。

どういう方式ですか。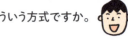

そのまま移行した後に調整するんだ。

クラウド移行はリフト&シフト方式で進められます。

近年、多くのシステムがオンプレミスからクラウドへ移行されました。システム移行は通常、「移行計画の立案とクラウドベンダーの選定」「クラウド環境のテスト利用」「クラウドへの移行」「クラウド環境での運用効率化」というプロセスで、リフト&シフトという手法によって進めます。リフト&シフトでは、オンプレミス環境のシステムをそのままクラウド上に移行（リフト）した後、必要な部分のみを改修してクラウド環境に最適化（シフト）します。なお、最近一部のシステムについてはオンプレ回帰も進められています。

マルチクラウド、ハイブリッドクラウドの利用も増えています。

クラウドは、ITベンダーが提供するサービスを他社と共同利用する「パブリッククラウド」と、自社でサービスを構築して専有する「プライベートクラウド」に分類されます。近年、複数のパブリッククラウドを組み合わせる「マルチクラウド」、パブリッククラウドとプライベートクラウド、クラウドとオンプレミスを組み合わせる「ハイブリッドクラウド」の利用も増えています。ただし、ハイブリッドクラウド、マルチクラウドには「運用が煩雑になる」「機能やリソースの利用状況やコストを可視化できない」などの課題があります。

パブリッククラウドとプライベートクラウド

パブリッククラウド

外部ベンダーが提供する共有クラウドを利用

オンプレミス型
（自前クラウド）

**プライベートクラウド
（オンプレミス型）**

自社内に専用クラウドを構築して利用

ホスティング型

**プライベートクラウド
（ホスティング型）**

外部ベンダーが提供する共有クラウド内に専用クラウド環境を構築して利用

マルチクラウド

ホスティング型

**パブリッククラウド＋
プライベートクラウド**

システムや用途などに応じて、パブリックとプライベートを使い分ける

**パブリッククラウド＋
オンプレミス**

システムや用途などに応じて、パブリックとオンプレミスを使い分ける

目的（例）
・モバイル連携
・業務ごとの使い分け
・セキュリティ対策
・負荷分散
・SaaS連携
・ピーク対応
など

ハイブリッドクラウド

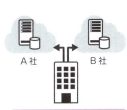

A社　　B社

**パブリッククラウド＋
パブリッククラウド**

システムや用途などに応じて、パブリッククラウドを使い分ける

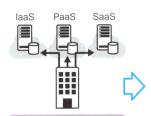

IaaS　PaaS　SaaS

IaaS＋PaaS＋SaaS

システムや用途などに応じて、クラウドサービスを使い分ける

目的（例）
・コスト削減
・セキュリティ対策
・災害対策
・SaaS連携
・PaaS連携
など

未来編　IT業界の新しいながれ

> トレンド編

19 マイクロサービスとはどのような概念ですか？

機能ごとに複数の小さなサービスに分割する設計手法だよ。

どのような利点があるのですか。

再構築が容易で、負荷分散や性能向上が可能になるんだ。

システムを機能ごとに複数の小さなサービスに分割します。

マイクロサービス（アーキテクチャ）とは、システムを機能ごとに複数の小さなサービスに分割し、それらを連携させることでシステムとして機能させる設計手法です。従来のモノリシックアーキテクチャでは大きな単一の機能が1つの処理を実現しているのに対して、マイクロサービスでは複数の独立した機能が組み合わされることで1つの処理を実現します。各サービスが独立して動作するためにそれぞれを異なる言語で実装可能であり、主にネットワーク経由で通信してタスクを処理するために各サービスが異なるマシン上で実行可能です。

マイクロサービスにはいくつかの利点があります。

マイクロサービスには、モノリシックアーキテクチャと比べていくつかの利点があります。まず、各サービス間の依存性が小さいため、システムの再構築が容易です。また、同時に複数実行したサービスのリクエストを振り分けることで、負荷分散や性能向上が可能になります。そして、各サービスを独立して設置することで、マイクロサービスごとに開発・メンテナンス計画が立てられます。マイクロサービスのこうした特徴は、仮想化技術やクラウドサービスとの相性が良く、システム開発での採用が増えています。

モノリシックとマイクロサービスのアーキテクチャ

未来編 ― IT業界の新しいながれ

現状のシステムとマイクロサービスのシステム

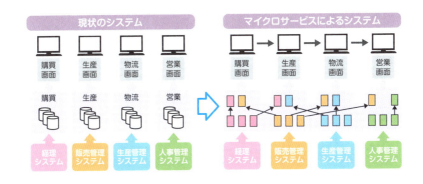

現状のサービスとマイクロサービスのサービス

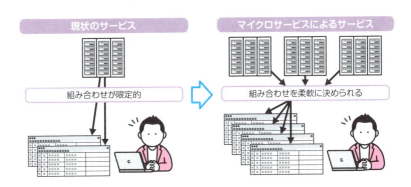

トレンド編

20 サーバレスとはどのような概念ですか？

イベント発生時に、プログラムが実行される仕組みです。

どうやって、実装するのですか。

FaaSを使って実装するんだ。

イベント発生時に、プログラムが実行される仕組みです。

　サーバレスアーキテクチャとは、外部からのリクエストやイベントが発生したときにだけ、事前に登録したプログラムが実行される仕組みです。サーバレスアーキテクチャを実現するクラウドサービスは、FaaS（Function as a Service）と呼ばれています。FaaSでは、サーバを常時起動する必要がないためにサーバ管理が不要で、処理実行中にのみ料金が発生するために費用対効果が高く、コンテナ仮想化技術が使われているために短時間で起動し、機能として組み込まれているためにリクエスト数に応じたスケールアップも容易です。

FaaSには、一定の制限が設けられています。

　ある意味、PaaSとSaaSの中間的存在であるFaaSには、サービスによる違いはあるものの、「同時実行数」「秒当たりの実行上限数」「設定可能なコードや割り当て可能なメモリの最大サイズ」「一回の実行にかかる時間」について一定の制限が設けられています。そして、その上限を超えるとプログラムが実行されません。そのため、FaaSは、リクエストやイベントの発生時にプログラムが実行されないことが致命的なシステムには不向きです。現在、グーグル、アマゾン、マイクロソフトなどがFaaSのサービスを提供しています。

サーバレスを実現するFaaSの位置付け

オンプレミス	ハウジング	ホスティング	IaaS	PaaS	FaaS	SaaS
データ	データ	データ	データ	データ	データ	データ
アプリケーション	アプリケーション	アプリケーション	アプリケーション	アプリケーション	アプリケーション / コンテナ	アプリケーション
ミドルウェア	ミドルウェア	ミドルウェア	ミドルウェア	ミドルウェア	ミドルウェア	ミドルウェア
OS	OS	OS	OS	OS	OS	OS
物理サーバ	物理サーバ	物理サーバ	物理サーバ	物理サーバ	物理サーバ	物理サーバ
ネットワーク・ストレージ	ネットワーク・ストレージ	ネットワーク・ストレージ	ネットワーク・ストレージ	ネットワーク・ストレージ	ネットワーク・ストレージ	ネットワーク・ストレージ
データセンター	データセンター	データセンター	データセンター	データセンター	データセンター	データセンター

■ ユーザが管理するサービス　　■ 提供されるサービス

未来編 — IT業界の新しいながれ

主なFaaSとサービス概要

サービス名称	AWS Lambda	Azure Functions	Cloud Functions
提供ベンダー	アマゾン	マイクロソフト	グーグル
動作タイプ	サーバレスのみ	サーバレス・App Service (PaaS)	サーバレスのみ
対応言語	Node.js 6/8, Python2/3, Java, C#, Go, PowerShell, Ruby. カスタムランタイム	Node8/10, C#, F#, Java8, Python3（プレビュー）, Typescript	Node.js 6, Node.js 8, Node.js 10 (beta), Python3, Go
対応OS	Amazon Linux	Windows, Linux（LinuxはApp Serviceのみ）	Linux
最大実行時間	900秒	600秒 (App Service上なら無制限)	540秒
リクエスト料金	$0.2/100万リクエスト	22.4円/100万リクエスト（東日本）(App Serviceなら無料)	$0.4/100万リクエスト
使用量課金	メモリ $0.00001667/GB-秒	0.001792円/GB-秒 (App Serviceなら無料)	メモリ $0.0000025/GB-秒、CPU $0.00001/GHz-秒
課金対象時間	100ミリ秒単位切り上げ	1ミリ秒単位切り上げ	100ミリ秒単位切り上げ
毎月無料枠	100万回、400,000 GB-秒 まで無料	100万回、400,000 GB-秒 まで無料	200万回、400,000 GB-秒、200,000 GHz-秒 まで無料
日本リージョン	あり	あり	あり
SLA	99.95%	99.95%	—

> **トレンド編**

21 クラウドサービスの普及はどのような影響を与えますか？

 端的に言うと、開発・運用コストが下がるね。

ということは。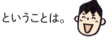

 市場が縮小する可能性が高いんだ。

開発コストだけでなく、運用保守のコストも下がります。

　日本発の会計ベンチャー企業の上場が大きく注目されたように、ソフトウェアやハードウェアの機能をITサービスとして提供するクラウドサービスは、現在急速に普及しています。クラウドサービス上では、システムの運用フェーズで必要だった作業の多くが画面上の設定だけで可能になるため、ハードウェアの調達コストやソフトウェアの開発コストだけでなく、運用保守のコストも下がります。つまり、クラウドサービスの利用拡大は、ITベンダーにとって作業効率の向上とともに案件規模の縮小を意味するのです。

ITベンダーには、新たなビジネスモデルが求められます。

　実際、受託開発型ベンダーの経営層によると、クラウドサービスを利用したシステム開発の案件では、受注金額が以前と比較して、1桁から2桁下がった例もあるそうです。今後、従来型ITの市場規模が縮小していくのは間違いないでしょう。IPAが公開している「DX白書」によれば、ITベンダーは、情報資産の現状を分析し、評価した上で、既存システムとクラウド上のシステムの連携、クラウド上における自社開発のSaaS型サービスの提供、そしてIoTやAIによる新たなITサービスの開発などが求められています。

クラウドによって置き換えられる情報システム

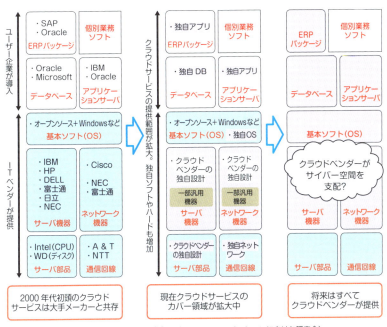

出典:「DXレポート」(デジタルトランスフォーメーションに向けた研究会)

AIシステムの様々なサービス

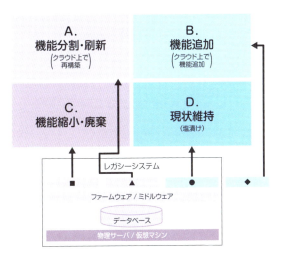

出典:「DXレポート」(デジタルトランスフォーメーションに向けた研究会)

トレンド編

22 IT人材は今後不足するのですか？

 不足するのは間違いないね。

すべてが不足するんですか。

 不足するのは、新たな価値を生み出す人材です。

数十万人規模でのIT人材の不足が予想されています。

IT人材とは一般に、「ITを利活用できる人材」と「ITを開発できる人材」です。「IT人材需給に関する調査」（経済産業省）によれば、IT人材の需給ギャップは広がる一方で、数十万人規模での不足が予想されています。同調査によれば、IT人材は2019年をピークに減少し、中位シナリオで2030年に約45万人が不足します。ただし、大きく不足するのは、ビッグデータやAI、IoTやロボットなど、新しい技術を活用して新たな価値を生み出すIT人材です。また、情報セキュリティやクラウドサービス関連の人材需要も増えると予想されています。

従来型ITサービスの人材は余ると考えられています。

同調査によれば、従来型IT市場が縮小していくことから、情報システムの受託開発、運用保守などの従来型ITサービスの人材は余ると考えられています。同調査によれば、従来型人材が年4％程度、先端型人材にスキル転換すれば、人手不足は解消しますが、それは難しいかもしれません。かつてIBMは、ハードウェアの箱売りからソリューションサービスへとビジネスモデルを転換したときに、3万人以上の人員をリストラしています。日本のIT業界においても、同様のことが起こる可能性があるかもしれません。

IT人材不足の見込み

出典:「人材需給に関する調査」(経済産業省)

需要が高まるIT人材と不足するIT人材

出典:経済産業省資料(一部改変)

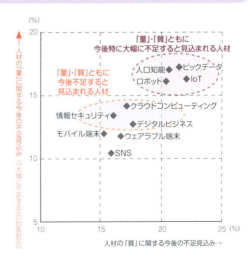

出典:経済産業省資料

KEYWORD

1行でわかる 10章の重要キーワード

- X-Tech ……………………………… 既存の産業におけるIT技術とビジネスモデルの組み合わせによる変革
- リーン・スタートアップ ……………… 低リスク・コストでプロダクト・サービスを開発するための開発手法
- MVP ………………………………… リーン・スタートアップで利用する最低限のプロダクト・サービス
- アジャイル開発 ……………………… 短い開発期間で設計、開発、検証を繰り返して開発する開発方法論
- XP …………………………………… ベストプラクティスの実施によるリスク回避を重視する開発方法論
- スクラム ……………………………… フレームワークに基づく開発と自律性を重視する開発方法論
- リーン ………………………………… 無駄の削減、品質の作り込み、人の尊重を重視する開発方法論
- DevOps ……………………………… 開発と運用が協同してアジャイル開発でシステムを開発する考え方
- 生成AI ……………………………… 学習済みデータのパターンなどから新しいコンテンツを生成するAI
- コンテナ仮想化 ……………………… コンテナエンジン上にOSの一部機能を搭載して構築する仮想化の形態
- リフト&シフト ……………………… オンプレ環境をそのまま移行した後、改修するクラウド移行の手法
- パブリッククラウド ………………… ITベンダーが提供するサービスを他社と共同利用するクラウドの形態
- プライベートクラウド ……………… 自社でクラウド環境を構築して専有するクラウドサービスの形態
- マルチクラウド ……………………… 複数のパブリッククラウドを組み合わせて使用する利用形態
- ハイブリッドクラウド ………………… 異なる形態のクラウドあるいはオンプレを組み合わせて使用する形態
- マイクロサービス …………………… 機能ごとに分割した小さなサービスを連携させるシステムの設計手法
- モノリシックアーキテクチャ ………… 大きな単一機能が1つの処理を実現すようなるシステムの設計手法
- サーバレスアーキテクチャ ………… 外部リクエスト発生時にのみ事前登録プログラムが実行される仕組み
- FaaS ………………………………… サーバレスを実現する、PaaSとSaaSの中間的存在のクラウド
- IT人材 ……………………………… 「ITを利活用できる人材」と「ITを開発できる人材」のこと

おわりに

　いわゆる業界研究本の読者は、およそ3種類いると言われています。その業界に就職もしくは転職しようと考えている人。その業界と取引しようと考えている人もしくは取引している人。そして、すでに業界に入っている人。

　本書は、主に前2者に向けて書かれた本です。そのため、まず多岐に渡る業界に関連する情報を、業界知識、会社知識、業務知識、基本知識の4つにわけ、それらの知識を、必要とされる場面ごとに解説することで、業界をよく知らない人が現場の雰囲気とともに必要な知識が身に付くように編集してあります。

　本書をまとめるにあたっては、今回も様々な方にお世話になりました。IT関係の業界団体の方々、そして事業者において、エンジニア、営業として働く方、様々なベンダーで働いている方などから貴重な意見をいただきました。今回の本ができたのは、皆さんのおかげだと思っています。

　また、今回のIT業界の改訂を通して実感したのは、一見、複雑に見える業界も、いくつかのフレームに基づいて調べていけば、そのしくみを共通の視点から理解できるということです。それはつまり、業界を理解するための枠組みは、ある程度共通しているということです。1つの事象を理解する上で、全体を分解し、流れに沿って、再構築するという方法論は、人材派遣、IT、広告、コンサルティング、医薬品で同様に使えるものであることを実感しました。

　情報へのアクセスが飛躍的に容易になり、誰もが多くの情報を入手できるようになった現在、情報を同様に纏め上げるかは以前にも増して重要になっています。本業界研究シリーズでは情報の編集を通して、読者の方々のわかりやすいを実現していきます。

　本書が皆様のお役に立てば幸いです。

イノウ

参考文献

- よくわかる情報システム&IT業界　新井 進（日本実業出版社）
- 図解ソフトウエア業界ハンドブック　岩田 昭男（東洋経済新報社）
- 新版 図解情報・コンピュータ業界ハンドブック　小山 健治（東洋経済新報社）
- インドIT革命の驚異　榊原 英資（文藝春秋）
- SEのフシギな生態　きたみ りゅうじ（幻冬舎）
- RFP&提案書完全マニュアル　永井 昭弘（日経BP社）
- 若手SEのためのシステム設計の考え方　上野 淳三、白井 伸児、広田 直俊（ディーアート）
- 日経コンピュータ　日経BP社
- 日経情報ストラテジー　日経BP社
- 日経ソフトウェア　日経BP社
- 日経SYSTEMS　日経BP社
- ソフトウェアデザイン　技術評論社
- Web+DB Press　技術評論社

- 経済産業省　特定サービス産業動態統計　http://www.meti.go.jp/statistics/tyo/tokusabido/
- 情報サービス産業協会（JISA）　http://www.jisa.or.jp/index.html
- 日本情報システム・ユーザー協会（JUAS）　http://www.juas.or.jp/
- 情報処理推進機構（IPA）　http://www.ipa.go.jp/
- 情報処理学会　http://www.ipsj.or.jp/
- 日本セキュリティ監査協会（JASA）　http://www.jasa.jp/index.html
- 日経IT Pro　http://itpro.nikkeibp.co.jp/index.html
- IT Media　http://www.itmedia.co.jp/
- @IT　http://www.atmarkit.co.jp/
- Codezine　http://codezine.jp/
- CNET Japan　http://japan.cnet.com/
- Debian JP Project　http://www.debian.or.jp/
- Japan FreeBSD User's Group　http://www.jp.freebsd.org/
- 日本Postfix管理者グループ（JPAG）　http://www.postfix-jp.info/
- 日本Sambaユーザ会　http://www.samba.gr.jp/
- 日本MySQLユーザ会（MyNA）　http://www.mysql.gr.jp/
- ruby-lang.orgadmins　http://www.ruby-lang.org/ja/
- 日本PHPユーザ会　http://www.php.gr.jp/
- Source Forge.jp　http://sourceforge.jp/

・本書中に記載されている情報は、2024年8月時点のものであり、ご利用時には変更されている場合もあります。
・本書に記載されている内容の運用によって、いかなる損害が生じても、ソシム株式会社、および著者は責任を負いかねますので、あらかじめご了承ください。
・本書に記載されている社名、商品名、ブランド名などは、各社の商標または登録商標です。また本文中にTM、©、®は明記しておりません。

■企画・編集　　　　　　　　　　　　イノウ　http://www.iknow.ne.jp/
■ブックデザイン　　　　　　　　　　坂本 真一郎（クオルデザイン）
■イラストレーション（キャラクター）　坂木 浩子
■イラストレーション（アイコン）　　　中村 幸司
■DTP・図版作成　　　　　　　　　　西嶋 正

世界一わかりやすい
IT［情報サービス］業界の
しくみとながれ 第6版

2024年10月2日 初版第1刷発行

編著者	イノウ
発行人	片柳 秀夫
発行所	ソシム株式会社
	https://www.socym.co.jp/
	〒101-0064 東京都千代田区神田猿楽町1-5-15 猿楽町SSビル
	TEL 03-5217-2400（代表）
	FAX 03-5217-2420
印刷	シナノ印刷株式会社

定価はカバーに表示してあります。
落丁・乱丁は弊社編集部までお送りください。送料弊社負担にてお取り替えいたします。
ISBN978-4-8026-1486-3
©2024 IKNOW Co., Ltd.
Printed in JAPAN